Christl Fitz

Der Frosch im Salat

Aus dem Leben der skurrilen Tante Lulu

Dr. Alexander Bronisch

Redaktion und Satz:
Dr. Alexander Bronisch, Con-Text

Lektorat: Bernhard Edlmann Verlagsdienstleistungern,
b.edlmann@kabelmail.de

Umschlaggestaltung, Layout: Dagmar Rogge, dagmar.rogge@t-online.de

Illustrationen: ©Christl Fitz

Druck / Fertigung: hs-Druck, A-4921 Hohenzell

1. Auflage Oktober 2016
© Dr. Alexander Bronisch, Con-Text
ISBN: 978-3-939813-09-5

Die Deutsche Nationalbibliographie verzeichnet diese Publikation.
Detaillierte bibliographische Angaben sind im Internet unter der Adresse
http://dnb.d-nb.de abrufbar.

Erschienen im Verlag von Dr. Alexander Bronisch, Con-Text,
Heigenkam 1, 83627 Warngau, Tel. 08021-909147,
Fax: 08021-909584, E-Mail: info@con-text.biz,
Webseite: www.con-text.biz

Zur Autorin: Christl Fitz, gebürtige Münchnerin, wuchs im Landkreis Miesbach auf. Ihr Wunsch, Schauspielerin zu werden, ließ sich nicht verwirklichen, weil sie in der elterlichen Landwirtschaft gebraucht wurde. Anfang 1960 gründete sie eine exklusive Kunstblumenwerkstatt, die ihr internationale Anerkennung eintrug. Neben Beruf und Familie widmete sich Christl Fitz dem Malen und besonders dem Schreiben. Sie verfasste Artikel für Zeitschriften, schrieb Kurzgeschichten und veröffentlichte einige Sachbücher, unter anderem die Titel „Blumen aus der Werkstatt" und „Perlensticken". In ihren beiden Büchern „Herzenswärmer" (2005) und „Glück sammeln" (2008), die sie mit ihren Aquarellen illustrierte, betrachtet sie humorvoll und nachdenklich Szenen aus ihrer Kindheit. Gemeinsam mit ihrem Mann, dem Schauspieler Gerd Fitz, hat sie die CD-Rom „Des war a so ..." (2008) gestaltet. 2015 erschien ihr erster Roman „Sternenband".

Die Rezepte für Tante Lulus Köstlichkeiten stammen größtenteils aus dem über hundert Jahre alten Kochbuch von Großmutter Elfriede. Sie wurden von Bäuerinnen aus dem Miesbacher Oberland ausprobiert und teilweise für die Bedürfnisse der modernen Küche verbessert.
Dafür meinen herzlichen Dank!

Christl Fitz

Christl Fitz

Der Frosch im Salat

Aus dem Leben der skurrilen Tante Lulu

... mit Süßspeisen aus ihrem Rezeptbuch

Ein unaufgeklärter Kriminalfall

Rezept
Flambierte Palatschinken · S. 5

Gerne saßen meine Mutter, Großmutter Elfriede und Tante Lulu im Familienkreis unter dem Apfelbaum vor unserem alten Bauernhaus. Die Bank rund um den Stamm, der verwitterte Holztisch luden zur gemütlichen Runde ein. »Solange mir kein reifer Apfel in die Kaffeetasse plumpst und mich keine Wespe in den Hintern sticht, genieße ich diesen Platz«, erklärte meine Großmutter Elfriede. War es Herbst, setzte sie sich vorsorglich an die geschützte Hauswand. Sonntags liebten wir diese erholsamen Stunden besonders, bevor die Hühner gefüttert und die Kühe zum Melken von der Weide geholt werden mussten. Meine Mutter stopfte nebenbei die Socken meines Vaters. »Zum letzten Mal, dann werfe ich diese Fragmente endgültig zu den Lumpen«, betonte sie.

Doch unverhofft kommt oft, wie eine der Spruchweisheiten unserer Köchin Betty lautete. Nicht selten überfiel uns genau zu dieser Zeit überraschender Besuch. Von niemandem eingeladen, störte er die kostbare Ruhe meiner Eltern, die sonst viel zu tun hatten.

Flambierte Palatschinken

150 g Mehl, 2 Eier, 1 Prise Salz, ca. 65 ml Milch, ca. 250 ml Mineralwasser, ca. 4 EL Butter, 100 g Marillen- oder Aprikosenmarmelade, 4 Aprikosenhälften aus der Dose
Zum Bestreuen: 3 EL Butter, 3 EL Semmelbrösel, 2 EL Zucker,
2 EL gehackte Walnusskerne, 1 Schuss Rum

Das Mehl in eine Schüssel sieben und mit den Eiern und dem Salz zu einem dicken Teig verrühren. So viel von der Milch und dem Mineralwasser zugeben, dass ein dünnflüssiger Teig entsteht. Den Teig zugedeckt 30 Minuten quellen lassen.
Den Backofen auf 100 °C vorheizen. Nach und nach etwas Butter in der Pfanne erhitzen und 4 Palatschinken (Pfannkuchen) in der heißen Butter von beiden Seiten knusprig braun braten. Die fertigen Palatschinken im Backofen heiß halten.
Die Marmelade erhitzen und mit wenig heißem Wasser glatt rühren. Die Palatschinken damit bestreichen, aufrollen und auf Portionstellern oder einer Platte anrichten.
Die Aprikosenhälften in Spalten schneiden und die Palatschinken damit belegen.
Die Butter in einer Pfanne zerlassen, die Semmelbrösel, den Zucker und die Nüsse unter Rühren darin hellbraun anbraten und über die Palatschinken streuen. Mit Rum flambieren.

Verwandte und Freunde gingen davon aus, dass wir der Tiere wegen sowieso zu Hause wären und uns über ihre Gesellschaft und ein wenig Abwechslung sicher freuen würden. Meine Großmutter stöhnte: »Da haben wir den Frosch im Salat, der Kuchen reicht nicht. Wir müssen schnell ein paar flambierte Palatschinken machen.« Meine Mutter begrüßte alle mit übertriebener Liebenswürdigkeit, murmelte etwas von »keinen Umständen« und eilte mit mir im Schlepptau in die Küche.

Frischen Kaffee zu kochen dauerte eine gewisse Zeit. Das heruntergebrannte Feuer im Küchenherd musste neu angefacht, der Topf mit Wasser in die Glut gehängt und die Bohnen mit der alten Kaffeemühle per Hand gemahlen werden. Bis das Wasser endlich kochte, drehten entweder meine Mutter oder ich das Handrührgerät für den Schlagrahm. Leider verpassten wir deshalb meist die Neuigkeiten, von denen keiner etwas wissen durfte und über die trotzdem alle sprachen.

Der ›Fall Elise‹ beschäftigte die Gemüter länger als nur einen Sonntagnachmittag. Elise war das Faktotum im Haushalt von Tante Lulus Freundin Florentine Baronin von Livland. Die Angelegenheit, um die es ging, war nebulös und lag so lange zurück, dass sie eigentlich fast schon vergessen war. Hätte Tante Lulu nicht eines Tages beim Entrümpeln ihres Speichers das Programmheft eines Liederabends gefunden. Die Sängerin Alexandra von Livland, Florentines Mutter, würde Arien von Mozart singen, so war darin angekündigt. Das Heft stammte vom Ende der Zwanzigerjahre. Seine Vorderseite zierte das Porträt der Künstlerin: eine nicht mehr junge, doch schöne Frau mit schmalem Gesicht, weich fallendem Haar und Augen, von denen Lulu sagte, man lese die Melancholie ihrer Seele darin.

Dieser Auftritt mochte einer der letzten in Alexandras Karriere gewesen sein. Jahre später fand Elise die Sängerin wie schlafend auf einer Bank im Rosengarten, der ihr Haus umgab. Sie war tot.

Diese melodramatische Geschichte ließ Lulu nicht mehr los – jedenfalls soweit sie nicht mit anderen Themen beschäftigt war. Ihre Gedanken kreisten um die Möglichkeit, jemand könnte bei Alexandras Tod nachgeholfen haben. Diese Vorstellung ließ sie nicht mehr los. Hatte Elise die

Künstlerin womöglich vergiftet? Hinzu kam der mysteriöse Verlust zweier wertvoller Ohrgehänge. Die Tote hatte sie in ihren Händen gehalten, als Elise sie fand. Tante Lulu zerbrach sich den Kopf darüber, wo der Schmuck aus dem Besitz der Künstlerin geblieben sein könnte. Für sie handelte es sich um einen unaufgeklärten Kriminalfall. Immer wieder kam sie darauf zurück. Das Thema beschäftigte sie fast ihr gesamtes weiteres Leben lang.

Meine Großmutter meinte zu den Vermutungen: »Unsere gute Lulu macht sich nur wichtig. Seit dem Tod ihres Mannes ist sie nicht mehr gefordert, also wird bei ihr sogar der Kauf von Strümpfen zum Abenteuer, über das sie weitschweifig erzählt. Ich bin schon dankbar, wenn sie einmal nicht bei Adam und Eva beginnt.«

Tante Lulu

Gerne erinnere ich mich an Lulu, meine Lieblingstante – das verrückte Huhn, wie mein Vater sie scherzhaft nannte. Sie ähnelte von ihrer Figur her eher einer körndlgefütterten Henne als einem mageren Huhn. Und gackern, das tat sie beim kleinsten Anlass auch. Eine winzige Maus mutierte bei der Aufzählung ihrer Missgeschicke zum riesigen Elefanten, womit sie ihre Zuhörer gelegentlich etwas überstrapazierte. Doch sie war vielseitig interessiert, voller Temperament und Humor und daher ein gern gesehener Gast in geselliger Runde.

War die Tante nicht zu Hause, konnte man annehmen, dass sie bei ihrer Freundin Florentine im „Rosenhaus" war. So nannten wir deren Heim nahe dem Starnberger See wegen der vielen Rosen, die dort blühten. Gelegentlich durfte ich sie dorthin begleiten. Lulu saß dann gerne trotz ihres Misstrauens gegenüber Elise in ihrer Küche. Die Haushälterin, wenn auch nicht immer gerade redselig, „diskutierte" mit ihr über Gott und die Welt, wobei sie meist zu dem Schluss kam: »Ja mei, der Mensch is guat, bloß d'Leit san schlecht, nirgends geht's so zua wia auf dera Welt.« Das nahm Lulu, eine Zigarette rauchend, regelmäßig zum Anlass, Fragen zu den Umständen von Alexandras Tod zu stellen. Damit war für Elise das Gespräch beendet. Sie bekam schmale Lippen, kniff ihren Mund zusammen und klapperte so laut mit den Kochtöpfen, dass jede weitere Unterhaltung im Lärm erstickte.

Was auch immer Lulu über den mutmaßlichen Mord zu ergründen versuchte, Florentines Haushälterin schwieg und tat so, als ginge sie das alles nichts an. Und ebenso scheiterte Lulu mit ihren Fragen bei Florentine trotz ihrer engen Freundschaft.

Neuen Gesprächsstoff über den „Fall" bekam Tante Lulu eines Tages durch mich. Ich war noch ein Teenager und für einige Tage von Tante Florentine als Feriengast eingeladen. Später behauptete ich, ich hätte eine weiße Frau, ein Gespenst, auf der Treppe im Rosenhaus gesehen und gleichzeitig sei ein flackernder Lichtschein über den Speicher geschwebt. Danach habe es im Haus nach Nelken und Zimt geduftet. Ich war mir sicher, das hatte ich nicht geträumt, sondern auf dem Weg zum Klo erlebt.

Meine Großmutter lächelte milde und meinte: »Du mit deiner blühenden Fantasie.« Auch meine Mutter nahm mich nicht ernst. Nur Tante Lulu bestand auf einen detaillierten Bericht und triumphierte: »Ich hab's ja gewusst, Alexandra findet keine Ruhe, sie geistert herum und sucht die Schuldigen an ihrem Tod.«

Tante Lulu wurde sehr alt und hat vor wenigen Jahren das Zeitliche gesegnet. Doch wenn ich mich an sie erinnere, klingt mir der Tonfall ihrer Stimme wieder in den Ohren und ich meine, den vertrauten Geschmack von Bitterschokolade, vermischt mit Erdbeeren und Vanille zu schmecken. Die Tante rührte nicht nur gerne in der ach so kriminellen Geschichte rund um Elise, sondern sie zauberte auch mit Zucker, Schokolade, Nüssen und anderen Köstlichkeiten süße Verführungen.

Tante Lulu liebte meinen Vater. Nicht dass sie ihm deshalb das Leben schwer gemacht oder meiner Mutter schlaflose Nächte voller Eifersucht beschert hätte. Nein, es war die kleine Flamme, mit der sie zündelte. Ein angedeuteter Flirt, den die beiden auch im reifen Alter noch sichtlich genossen. Mein Vater, schon im Rentenalter, ein stattlicher Mann mit grauen Schläfen, erklärte, dieses harmlose Spiel sei für ihn das Salz in der Suppe des täglichen Einerlei und nicht ernst zu nehmen.

Lulus Garten

Rezept

Janosschnitten · S. 16

Tante Lulu, das ›verrückte Huhn‹, war verwitwet und lebte in seinen letzten Lebensjahrzehnten in unserer Nähe. Etwas außerhalb vom Nachbardorf verbarg sich in einer Bilderbuchidylle zwischen Kuhweiden und einem Waldstück ›Lulus Welt‹. Zusammen mit ihrem Mann Eduard hatte sie sich in jungen Jahren in das etwas versteckt gelegene Grundstück samt einem schiefen Holzhaus – mein Vater nannte es das Hexenhaus – verliebt. Das Paar konnte Haus und Grundstück billig erwerben. Was ihnen dabei besonders wertvoll schien, waren die Nähe zum Tegernsee und der Blick auf die Berge. Dabei dachte Lulu weniger an die Berge als an das Tal mit seinem geselligen Flair. Der ›Lago di Bonzo‹ hatte es ihr immer schon angetan; besonders Rottach mit seiner exklusiven Gesellschaft, die meist aus Norddeutschland stammte und sich im Allgemeinen feiner gab, als sie war. Dazu kamen die Bodenständigen und Adeligen, die gerne unter sich blieben und den bayrischen, sprich Tegernseer Lebensstil pflegten. Der Gedanke, zu diesem erlauchten Kreis zu gehören, beflügelte Lulu. Sie ließ sich ein Dirndl schneidern und Maß nehmen für ein Lodenkostüm.

Im Trachtenlook marschierte sie sonntags gemeinsam mit ihrem Ehemann zum Gottesdienst in die Tegernseer Schlosskirche und anschließend ins herzogliche Bräustüberl. Dabei bemühte sich Eduard, mit den Einheimischen Bairisch zu reden, was sich komisch anhörte und aufgesetzt wirkte.

Nachdem sie eingezogen waren, ließen Lulu und Eduard die nötigen Reparaturen am Haus vornehmen. Ebenerdig wurde ein Bad eingebaut, daneben eine Toilette, die das ursprüngliche Plumpsklo ersetzte. Die Tante wählte den schönsten Raum im oberen Stockwerk als Schlafzimmer. Da ihr aber nachts der Weg nach unten manchmal zu kalt und zu weit war, stellte sie ein Nachthaferl, ein rosengemustertes Potschamperl, unter ihr Bett.

Die große Küche wurde zum Mittelpunkt. Dort war es gemütlich warm und man sah durchs Fenster die Berge. Gerne hätte Lulu das Haus in Rosa, ihrer Lieblingsfarbe, streichen lassen. Das konnte Eduard mit dem deftigen Kommentar »Spinatwachtel, jetzt spinnst aber endgültig« gerade noch verhindern. Von Lulus Farbenrausch blieben türkis gestrichene Fensterstöcke, royalblaue Läden und die lila leuchtende Haustüre. Im Sommer wucherten rote Geranien über die Balkonbrüstung. Das registrierte manche Bäuerin mit neidvollen Blicken, pflegte sie doch dieselben Pflanzen auf der eigenen Balkonbrüstung. Aber keiner gelang es trotz aller Mühe, mit Lulus Blühwunder konkurrieren. »Wie schafft sie es nur, dass ihre Geranien so großartig gedeihen?«, rätselte auch meine Mutter und zupfte Verblühtes und welke Blätter aus den Kästen.

Durch eine Indiskretion des Postboten erfuhren schließlich alle von Lulus Geheimrezept. Er war eines Tages früher als sonst zur Tante gekommen und wartete vor der Haustüre. »Ich gieße nur noch schnell die Blumen«, rief Lulu ihm zu. Der Beamte blickte nach oben, Lulu lächelte nach unten – und begoss nebenbei ihre Blumen mit dem Inhalt ihres Nachttopfes.

Das bunt gestrichene Haus, die Blumenpracht in den Kästen, all das genügte Lulu nicht. Sie träumte von einem prächtigen Garten, den sie Pfingstrosen, Rittersporn, Sommerblumen, Flieder und Jasmin bepflanzen wollte. Schuld daran war ein Erlebnis aus ihrer Kindheit: An der Hand ihrer Eltern war sie damals in Würzburg über die alte Mainbrücke, am Dom vorbei, zum prachtvollen Bau der fürstbischöflichen Residenz getrippelt. Ihr Vater führte sie die Marmorstufen des Treppenhauses hinauf, wo sie das kolossale Deckengemälde bestaunten, ein Werk des venezianischen Malers Giovanni Battista Tiepolo. Doch was Lulu viel lebhafter in Erinnerung behielt, war die Gartenanlage.

Mit der Umgestaltung der weiten Wiese vor dem ›Hexenhaus‹ beauftragte Lulu einen Gartenarchitekten. Eifrig studierte sie seine Entwürfe, bestellte Rosen und Heckenpflanzen, die ihr Reich zum Dorf hin abgrenzen sollten. Mühsam gruben Arbeiter die Erde auf und versetzten Bäume, in der Hoffnung, dass sie wieder anwachsen würden. Sie pflanzten, was Lulu befahl. Aber sie hatten auch die Zahlenspielereien von Eduard zu berücksichtigen: Entlang den Beeten führte ein Weg von exakt zwanzig Schritten zu einem dominierenden Birnbaum. Dreißig Schritte waren nötig, um zur Statue einer griechischen Göttin zu gelangen, deren makellose

Schönheit durch die Büsche leuchtete. Später wählten besonders Lulus männliche Gäste – scheinbar unbeabsichtigt – gerne diese Richtung; lustvoll betätschelten sie im Vorüberschlendern das wohlgerundete glatte Hinterteil der Dame oder streichelten über deren kleinen Bauch.

»Wir waren noch so jung, und ich war verliebt in meinen Eduard«, erinnerte sich Lulu.

Inzwischen war sie eine liebenswerte alte Dame geworden, etwas füllig, impulsiv und temperamentvoll. Mit wallenden weiten Kleidern kaschierte sie ihre aus der Form gekommene Figur. Ihre Haare färbte sie immer noch tizianrot und sie verzichtete selten auf farblich passende Schuhe mit hohen Absätzen, auf denen sie kaum noch laufen konnte.

Der ›Mordfall‹ beunruhigte sie immer noch, besonders da in Florentines Haus merkwürdige Dinge geschehen waren. Aber in ihren Erinnerungen schreibt Lulu mehr über ihren Garten als über Elise.

Alexandra war noch am Leben und nahm lebhaften Anteil an meinen Gartenideen. Fürst Nikolai, ihre große Liebe, hatte sie viele Jahre zuvor verlassen. Die wenigen Bilder aus seiner Sammlung impressionistischer Maler hatte sie längst verkauft. Verarmt und von ihrer Haushälterin Elise versorgt, gab sie hin und wieder Gesangsstunden oder gestaltete Liederabende im kleinen Kreis des Katholischen Frauenbundes.

Florentine lebte vor dem Tod ihrer Mutter in England, in London, wo ich sie einige Male besucht habe.

Elise brachte mir eines Tages eine mir unbekannte Pflanze. Sie betonte, diese gehöre, abgesehen von weißen Nelken, zu Alexandras Lieb-

lingspflanzen. Ich las im Botanikbuch, dass der blau blühende Eisenhut eine der giftigsten Pflanzen sei und nicht in einen Privatgarten gehöre. Man kann einen Menschen damit vergiften! Was wollte Elise mir damit ›durch die Blume‹ vermitteln?!

Weiter schreibt Lulu: Wie schnell die Jahre vergangen sind! Die Hecke um den Garten ist dicht geworden und wuchert wild, das Dorf ist kaum mehr zu sehen. Kaum zu glauben, dass ich damals mit der Lust und Begeisterung fürs Landleben weder über die anfallende Arbeit nachgedacht habe noch ahnte, auf welches Abenteuer ich mich eingelassen hatte. Den Eisenhut habe ich längst ausgerissen. Ich habe nicht die Absicht, jemanden mit seinen Wurzeln oder Blättern zu vergiften. Hat Elise Derartiges getan?
    Mein Garten hat mich immer ein wenig glücklich gemacht.

Zum Beispiel fand es Lulu im ersten Winter ungeheuer romantisch, dass die Rehe bis ans Haus kamen. Eines, das zutraulichste, taufte sie Bambi. Sie glaubte, es käme nur ihr zuliebe:
    Ich ging nicht zu Bett, sondern blieb am Fenster sitzen, um es zu beobachten. In meiner Naivität entdeckte ich zu spät, dass dieses süße Reh mit den dunklen Augen nur der Rosen wegen kam ...

Jahre später notierte Lulu unter anderem in ihren Aufzeichnungen:
Wie ich bei meinen späteren Recherchen zu Alexandras Tod feststellte, hatte man unter der blauen Bank eine Tasse mit einem Rest grün schillernder Flüssigkeit gefunden, ihr aber keine Bedeutung zugemessen.

War es ein Tee aus den Blättern des Eisenhuts? Wer hat ihn zubereitet? Elise? Aber warum hätte sie das tun sollen?

Doch zurück zu Lulus Aufzeichnungen. Zu ihrem Entsetzen knabberten damals Tiere die wertvollen Rosenpflanzen ab. Den Hasen schmeckte die Rinde vom Holunder und vom Goldregen. Als wäre das nicht schon genug gewesen, lebten die Wühlmäuse unter der Schneedecke wie die Maden im Speck. Eduard und Lulu hatten ungeachtet ihrer Rückenschmerzen massenweise Tulpenzwiebeln in die Erde gesteckt. Zu ihrer Enttäuschung war im folgendem Frühjahr keine einzige mehr zu finden.

Auch Vaters Stammtischbrüder sprachen damals über den Rosenverbiss. Sie sahen die Sache von der lustigen Seite und meinten, in Lulus Garten auf die Jagd zu gehen sei erfolgreicher, als sich im Wald auf einem Hochsitz den Hintern abzufrieren. Hier könne sogar der dümmste Jäger einen Bock schießen, denn da füttere man das Rehwild mit Rosen an.

Die Planung von Lulus grünem Paradies führte zwischen ihr und Eduard zu einem Ehekrieg, der beinahe auch den materiellen Ruin des Paares bedeutet hätte. Die Tante hatte so aus dem Vollen geschöpft, dass ihr Mann sich weigerte, die fälligen Rechnungen für den Gärtner und dessen Hilfskräfte zu bezahlen. Deshalb blieben sie meist bis zur dritten

Janosschnitten (Rigó Jancsi)

85 g Zartbitterschokolade, 100 g Butter, 100 g Zucker,
4 Eier (getrennt), 100 g Mehl (gesiebt)
Für die Füllung: 2 Tafeln (à 100 g) Zartbitterschokolade,
250 ml Sahne, 4 EL Rum, Mark von 1 Vanilleschote
Für die Glasur: Zartbitterkuvertüre

Den Backofen auf 175 °C vorheizen. Dann zunächst den Kuchenteig herstellen. Hierzu die Schokolade über dem Wasserbad schmelzen. Butter und Zucker schaumig rühren, dann die Eigelbe und die flüssige Schokolade unterrühren. Das Eiweiß schaumig aufschlagen und mit dem gesiebten Mehl unterheben. Den Teig gleichmäßig auf ein Kuchenblech verteilen und 15–20 Minuten backen. Sofort vom Blech heben und auf einem Rost abkühlen lassen.
Für die Füllung die Schokolade über dem Wasserbad schmelzen. Sahne mit der Schokolade bei mittlerer Hitze unter ständigem Rühren zu einer dicklichen Creme verarbeiten. Auskühlen lassen, mit dem Rum und dem Vanillemark vermengen.
Den fertigen Kuchenboden halbieren, auf die eine Hälfte die Creme 5 cm hoch auftragen und mit der zweiten Kuchenhälfte bedecken. Die Kuvertüre schmelzen und den gut gekühlten Kuchen mit einer dicken Glasur einstreichen. Sobald diese trocken ist, in etwa 5 x 5 cm große Schnitten teilen.
Mit etwas geschlagener Sahne sind sie ein Hochgenuss.

Mahnung unauffindbar – manchmal sogar noch länger. Gelegentlich entsorgte er sie auch unter einem Berg alter Zeitungen. Das führte letztendlich dazu, dass sich der Gerichtsvollzieher ankündigte. Nach dieser unangenehmen Episode erklärte Eduard: »Jetzt lassen wir erst mal alles wachsen und gedeihen, und das Unkraut zupfst du gefälligst selbst, meine Liebe. Du wolltest diesen Garten haben, also kümmere dich auch darum.«

Mit diesem Machtwort verschaffte sich der Onkel sogar bei seiner dominanten Frau den nötigen Respekt. Er wanderte von da ab täglich durch ›seinen‹ Garten. Gemütlich setzte er sich auf die Steinbank neben dem Brunnen, in dem er seinen Silvaner kühlte. Manchmal trank er ein Glas zu viel. Dann meditierte er und fand, die Wasserfontäne erinnere an das verlorene Paradies. Er sprach vom Garten Eden, aus dem Adam und Eva von Gott eines Apfels wegen vertrieben worden waren. »Ich sage, mein Paradies befindet sich bereits hier auf Erden. Auch wenn« – so fuhr er mit einem Seitenblick auf seine füllige Frau fort - »auch wenn hier keine Scharen von Jungfrauen auf mich warten, wie der Islam es seinen Märtyrern bei ihrer Ankunft im Himmel verspricht. Das wäre mir aber alles zu anstrengend. Ich bleibe lieber beim Verkosten des Silvaners.«

Lulu ergänzte nach den Monologen ihres Mannes mit Blick auf ihr leeres Glas: »Für mich glitzern hier am Brunnen die Wassertropfen des Lebens in der Sonne. Doch das vergeht auch in dieser Idylle, und die Gläser werden leer.«

Onkel Eduard starb überraschend und plötzlich. Er erstickte während eines Festessens an einer Fischgräte. Eine tragische Geschichte: Er mochte keinen Fisch und war noch keine sechzig.

Nach seinem Tod erklärte uns Tante Lulu, sie wolle von jetzt ab viel auf Reisen gehen, ihre Freundin Florentine öfter besuchen und die verwandtschaftliche Bindung mit uns intensiver pflegen. Meine Mutter blickte Vater an und meinte: »Damit meint sie dich, mein Schatz.«

Ein ›wahrhafter‹ Aristokrat

Rezepte
Kaiserschmarrn   S. 19
Omelette soufflé   S. 20

Einmal war bei den Kaffeestunden am Sonntagnachmittag auch meine Cousine Jutta anwesend. Sie war damals aus Hamburg angereist, um uns ihren Verlobten Ferdinand von und zu Höhentiefen vorzustellen. Dieser Österreicher besaß den Charme einer Fruchtfliege. Er umschmeichelte alle anwesenden Damen mit seinen papperten Zuckerlkomplimenten. Auch wenn ihn keiner allzu ernst nahm – sein Wiener Schmäh tat Alt und Jung gut. Die Tischrunde hing an seinen Lippen, besonders Tante Lulu. Er erzählte geistreich und witzig über sein Leben in Wien und ließ immer wieder durchklingen, in welch elitären Kreisen er aufgewachsen war. Sein Urgroßvater, so berichtete er, sei noch mit Kaiserin Elisabeth, mit Sisi, im Prater ausgeritten. Je mehr seine persönlichen Familienbindungen zum Wiener Kaiserhof in die Geschichten einflossen, desto strahlender begannen Lulus Augen zu leuchten. Er sprach von den Salzburger Nockerln, die anlässlich einer Einladung in Schönbrunn bei Hof serviert worden waren, Lulu renommierte im Gegenzug mit ihrem verstorbenen Mann, dem Freiherrn von Eulenschwang – was ihr ein Kopfschütteln seitens meines Vaters eintrug. Meiner Großmutter versprach der adelige Gast das Originalrezept des Kaiserschmarrns*, den er uns im Rahmen einer Anekdote über Sisi ›serviert‹ hatte.

Höhenkirchen wusste zu berichten, dass die Kaiserin, eitel und ernährungsbewusst, wie sie war, ihrer schmalen Taille zuliebe strenge Diät hielt. Nun hatte der Hofkoch eigens für sie einen Kaiserinnen-Schmarrn kreiert: mit Eiern, Mehl, Zucker und Milch, verfeinert mit Rosinen und Mandeln, mit Puderzucker karamellisiert. Doch sie lehnte die fürstliche Mahlzeit wegen der vielen Kalorien ab. Kaiser Franz Josef hingegen war davon begeistert. Häufig wünschte er sich diese köstliche ›Nachspeis‹. So wurde aus dem Kaiserinnenschmarrn der Kaiserschmarrn.

Elise, die mit Florentine an diesem Nachmittag ebenfalls zu

Kaiserschmarrn à la Lulu

500 ml Milch (3,5 % Fettgehalt), 4 Eier (getrennt), 150 g Mehl (gesiebt), ca. 100 g Butter, 50 g Sultaninen, 50 g Mandelsplitter, Puderzucker zum Bestäuben, 1 Glas Preiselbeeren zum Servieren

Milch mit Eigelben und Mehl gut verquirlen, bis ein dickflüssiger Teig entsteht. Das Eiweiß schaumig aufschlagen. Den Eischnee unter die Mehlmischung heben und alles mindestens eine Stunde ruhen lassen. In einer mittelgroßen Pfanne genügend Butter zerlaufen lassen, mithilfe eines Schöpflöffels die Pfanne 2 cm hoch mit dem Teig füllen und in der mit Deckel geschlossenen Pfanne (damit der Teig aufgeht) langsam backen. Die Sultaninen und Mandelsplitter einstreuen. Wenn eine Seite goldgelb gebacken ist, den Pfannkuchen umdrehen und mit zwei Gabeln so zerreißen, dass etwa 4 cm große Stücke entstehen. Diese fertig backen, auf einen Teller geben, mit Puderzucker bestreuen und mit einem Löffel Preiselbeeren sofort servieren.

Gast war, lächelte nur schmallippig über die kleine Geschichte. Sie stammte aus Wien und war sich sicher, mit ihrem eigenen Rezept den längst verblichenen Herrn Hofkoch übertreffen zu können.

Omelette Soufflé

4 Eier, 1 Msp. Salz, etwas Zitronensaft, 1 gehäufter TL Zucker, ca. 50 g Butter für die Pfanne, 1/2 TL Speisestärke oder Vanillepuddingpulver.
Für die Füllung: Vanilleeis, Zwetschgenmus oder Preiselbeerkonfitüre

Eiweiß mit Salz sehr Steif schlagen. Zitronensaft untermischen. Eigelb mit dem Zucker schaumig rühren, bis er sich aufgelöst hat. Eiweiß vorsichtig unterheben und kurz rühren.
Die Butter in einer beschichteten Tarteform oder Pfanne sehr heiß, aber nicht braun werden lassen. Omlette-Schaummassse hinein fließen lassen.
Achtung: Die Pfanne darf dann beim Backen nicht zu heiß werden, sonst verbrennt das Omelette von unten, bis es oben durchgebacken und fest ist.
Das fertig gebackene Omelette zur Hälfte auf eine vorgewärmte Kuchenplatte gleiten lassen.
Schnell mit der gewünschten Füllung belegen und den anderen Omeletteteil drüberklappen. Sofort servieren, damit die Köstlichkeit nicht in sich zusammenfällt.

Großmutter Elfriede hatte genaue Vorstellulngen, wie ein Omelette soufflé aussehen und schmecken mußte. Wurde es von unten zu dunkel, oder brannte es sogar an, kippte sie die Pfanne samt dem Omelette ins Feuer und bat unsere Köchin Betty, es nochmals mit frischen Zutaten zu versuchen. So lange mussten unsere Gäste auf diese Nachspeise warten.
Serviert wurde erst, wenn Werk den Ansprüchen meiner Großmutter Elfriede genügte.

Je länger der Baron mit der ›papperten Zung‹ sich am Tisch breitmachte und Lulu mit seiner aristokratischen Abstammung imponierte, desto mehr protzte sie ihrerseits mit ihrem Garten. Sie schilderte ihn als einen großzügig angelegten Park. Die Augen von Juttas Verlobten wurden gierig und rund wie Geldstückaugen und er erbat für sich die Güte, bei nächster Gelegenheit Lulus Gast sein zu dürfen. Er sei des Öfteren geschäftlich unterwegs, flüsterte er ihr zu. Sicher würde sie sich doch als Witwe gelegentlich männliche Gesellschaft wünschen – natürlich in allen Ehren.

Unsere ach manchmal so naive Tante Lulu lächelte schwach und erklärte, er dürfe ihr Gast sein, so lang er wolle.

Später bedachte unser adeliger Gast auch meine Mutter mit seinem Charme. Er griff nach ihrer Hand und bat darum, sie in die Küche begleiten zu dürfen. Cousine Jutta sah ihm hingebungsvoll nach: »Er ist so einmalig wunderbar.«

»Wer weiß, was der vorhat«, brummte meine Großmutter, schob mich vom Stuhl und schickte mich hinterher.

»So, küss die Hand, meine Verehrteste«, wandte sich Baron Höhentiefen in der Küche an meine Mutter. »Ich übernehme jetzt den Küchenpart, eine Dame wie Sie sollte man verwöhnen und ihr die Welt zu Füßen legen.« Der Charmeur versuchte einen tiefen Blick in die Augen meiner Mutter, was ihm aber angesichts ihres zögernden Misstrauens nicht gelang.

Er bückte sich zur Holzkiste, wählte gezielt einige Scheite, ging zum Herd, öffnete das Schürloch und warf sie in die Glut. Darauf bat er um eine schwere Gusseisenpfanne, fragte nach Eiern, Zucker und Butter.

Meine Mutter und ich beobachteten sein flinkes Hantieren. Es kam uns fast wie eine Selbstverständlichkeit vor, dass er uns in unserer eigenen Küche zu einer Überraschung einlud, zu einer Köstlichkeit, die er nur für die liebenswerteste Gastgeberin zaubern wollte. Meine Mutter, nun doch fast ein wenig gerührt, schenkte ihm dafür ein Lächeln.

Als der Herd beinahe glühte, die Pfanne sehr heiß und die Butter geschmolzen war, entstand aus den schaumig geschlagenen Eiern und dem Zucker ein auf der Zunge zergehendes, zur Hingabe bereites und verführerisches Omelette soufflé*.

Nach dieser ausgezeichneten Köstlichkeit verziehen wir ihm seine unechten Komplimente und beschlossen, ihn, allein schon Juttas wegen, in den Kreis der Familie aufzunehmen. »Kommen sie wieder«, seufzte Lulu zum Abschied.

Doch Ferdinand Baron von und zu Höhentiefen kam nicht wieder. Eines Tages erfuhren wir die bittere Wahrheit: Der gut aussehende Gentleman mit dem Wiener Schmäh hatte sich abgesetzt, nicht ohne vorher noch die unglückliche Jutta und einige andere seiner ›Bräute‹ kräftig auszunehmen. Jetzt suchte ihn die Polizei wegen Heiratsschwindels. Wir überlegten, ob Jutta die Verlobungsgeschenke zurückgeben würde. Dann bekämen wir unsere scheußliche Vase wieder zurück, ohne zu wissen, wem wir sie als Nächstes schenken konnten.

Tante Lulu erklärte mit Bestimmtheit: »Ich hab mir's ja gleich gedacht, dass der Kerl nicht echt ist! So etwas fühlt man doch.«

»Ja, ja, meine Liebe, erinnere dich: Auch Adel kann manchmal von nur kurzer Dauer sein«, kommentierte meine Großmutter hintergründig, lächelte und fügte hinzu: »Nun kannst du deine Parklandschaft in einen kleinen Garten zurückverwandeln.«

»Tempi passati«, konterte Lulu und erzählte von ihren Anfängen im Hexenhaus mit ihrem längst verstorbenen Ehemann Eduard.

Lulus Regendächer

Langsam verwilderte Lulus einstige Gartenpracht wieder. Die poppige Bemalung der ›Hütte‹ bekam einen morbiden Charme. Mein Vater kritisierte bei einem seiner Besuche: »Der Lack ist ab, man sollte das Holz mal abschleifen lassen und neu streichen.«

»Solange bei mir der Lack noch nicht ganz ab ist …«, gab Lulu zurück.

Aber weil sie der anstrengenden Gartenarbeit nicht mehr gewachsen war und trotzdem nicht auf üppige Sommerblüten verzichten wollte, legte die Tante nach und nach eine Topfpflanzenkultur an.

Auch wünschte sie sich jetzt im Alter einen gewissen Luxus. Neben ihrem Schlafzimmer im Obergeschoss ließ sie sich ein Bad und eine Toilette einbauen. Der geizige Onkel Eduard hatte diese Ausgabe seinerzeit mit einem »Das braucht es nicht« abgelehnt. Nun erübrigten sich die mühsamen nächtlichen Sitzungen der Tante auf dem Potschamperl. Und die Geranien blühten zu ihrem großen Bedauern jetzt nicht mehr so üppig wie zuvor. Seit der Nachttopf ausgedient hatte, wurden sie nur noch mit Wasser gegossen.

In einem der vielen vergangenen Sommer, die mir in Erinnerung geblieben sind, regnete es wochenlang. Lulu, besorgt um ihre in großen Töpfen blühenden Hortensien, jammerte über die Witterung. Sie überlegte, wie sie die prächtigen Blüten schützen könnte. Ein kleines Kaufhaus in Miesbach, der nahen Kreisstadt, warb für preiswerte Regenschirme. Lulu handelte einen zusätzlichen Rabatt aus und kaufte eine größere Anzahl. Danach leuchtete ein buntes Sammelsurium aufgespannter Regendächer, an Stäben festgebunden, über jedem Topf. Damit nicht genug. Lulu kam auf die originelle Idee, die Blumenbehälter außerdem noch mit fantasievollen Mäntelchen auszustaffieren. Fetzen aller Art, von Bändern gehalten, bauschten sich rund um den Ton: Glitzerstoffe, Kariertes, Geblümtes und Gestreiftes. Aufgehübscht mit Reifrock, bunt vor Regen geschützt, erinnerte diese Inszenierung an einen Aufmarsch bunter Märchenfiguren. »Fehlen nur noch die sieben Zwerge«, begrüßte mein Vater die Künstlerin bei einem unserer spontanen Besuche. »Setz nur nicht jeder Blüte auch noch einen deiner Hüte auf«, frotzelte er weiter und packte die Eier aus, die wir ihr mitgebracht hatten.

Zu besonderen Anlässen ging Tante Lulu nämlich mit Hut. Vorher aber ließ sie sich beim Friseur die Haare hochtoupieren und mit Spray in starre Form bringen. Auf dieses Kunstwerk drückte sie dann eine ihrer extravaganten Kopfbedeckungen. Damit erregte sie Aufsehen, was sie sichtlich genoss.

Freifrau von Eulenschwang

REZEPTE
APFELWEINTORTE · S. 27
SCHNEEWITTCHENKUCHEN · S. 28

Lulu war gesegnet mit Humor, großer Neugier und einem Reichtum an Geschichten. Aber wie war sie eigentlich mit uns verwandt? Weder mein Vater noch die Großmutter vermochte die verzwickten Verwandtschaftsverhältnisse zwischen ihr und uns zu erklären. Ich nahm unseren Stammtafel zur Hand und fand den Onkel, auf den sich Lulu berief, in einer väterlichen Nebenlinie. Allerdings war dieser Onkel schon im Kindesalter verstorben …

»Mir ist ein anständiger Schafkopf mit diesem Weibsbild wichtiger als diese Verwandtschaftsduselei«, befand mein Vater. »Wenn sie uns nur nicht immer wieder mit dem Mordfall Alexandra auf die Nerven ginge …« Dann legte er die Spielkarten bereit und stellte den Schnaps kalt.

Kam Lulu zu uns, raste sie in ihrem Auto mit laut knatterndem Motor auf den Hof. Ihr Auftritt wirkte, als müsse sie den Großen Preis von Monza gewinnen. Und ein bisschen gefährlich war er auch. Gackernd flatterten die Hühner davon, und es gelang uns nur mit Mühe, den Dackel vor ihren

Fahrkünsten zu retten. Erst im letzten Augenblick erinnerte sie sich daran, dass ihr Auto auch eine Bremse besaß.

Wegen seiner grünen Farbe wurde ihr Vehikel von uns immer nur ›der Frosch‹ genannt. Entfernt erinnerte die alte Rostlaube noch an eine deutsche Nobelmarke. Mein Vater scherzte, Lulu dürfe damit nicht mehr schneller als fünfzig fahren, sonst müsse jemand hinterherlaufen und die verlorenen Schrauben aufsammeln. Das hielt die Tante nicht davon ab, weiterhin ihren ›sportlichen‹ Fahrstil zu pflegen.

Nachdem sie den Motor abgewürgt hatte, quälte sie sich mit ihrer barocken Figur aus dem Wagen. Gewöhnlich zerrte sie dabei auch noch einen Korb vom Rücksitz. Der Duft von warmer Apfelweintorte* oder anderem Backwerk zog uns in die Nase und vermischte sich mit dem Geruch ihres Parfüms. Chanel No. 5 war eine ungewohnte Duftnote in einem Bauernhaus. Wenn wieder jemand vergessen hatte, die Türe zum Futtergang zu schließen, ging sie eine bemerkenswerte Verbindung mit dem Stall- und Heugeruch ein.

War Tante Lulu bei uns zu Gast, vertrieb sie die abendliche Langeweile. Wir hatten damals noch keinen Fernseher, und Abwechslung war hochwillkommen. So wurde es meist spät, ehe sie sich ins Gästezimmer verzog. Zuvor genoss sie noch ihren gewohnten Absacker, einen hochprozentigen Obstler, Marke selbst gebrannter Bauernschnaps. Am nächsten Tag schlief sie bis mittags und erzählte abends ihre Geschichten weiter. Dabei baute sie Elise, die Giftmischerin, und die verschwundenen Ohrringe aus dem Besitz von Alexandra geschickt in die verrückte Handlung mit ein. So wurden aus der einen Nacht zwei oder drei, bis sie meinte: »Nach drei Tagen stinkt der Fisch.« Dann düste sie mit ihrem knat-

Apfelweintorte

Für den Mürbteig: 220 g Mehl, 1 Msp. Backpulver, 1 Prise Salz, 75 g Zucker, abgeriebene Schale einer unbehandelten Zitrone, 130 g Butter, 2 Eigelb, 1 ganzes Ei, 1 EL Weißwein oder Wasser
Für die Füllung: 1 kg Äpfel, 2 Päckchen (à ca. 40 g) Puddingpulver (Vanille- oder Sahnegeschmack), 100 g Zucker, 350 ml Roséwein ›Moro Muskat‹ (schmeckt nach Rosen), 350 ml Apfelsaft
Zum Verzieren: 400 ml Sahne, 2 Päckchen (à 40 g) Sahnesteif, 250 g Schmand, Zucker-Zimt-Mischung

Aus allen Teigzutaten einen Mürbteig herstellen, auf einer Küchenfolie kneten und einen großen Knödel formen. In Folie eingewickelt für eine Stunde in den Kühlschrank geben. Teig ausrollen. Äpfel schälen und klein schneiden. Aus dem Puddingpulver mit Zucker, Wein und Apfelsaft nach Anweisung Pudding herstellen. Klein geschnittene Äpfel zugeben, abkühlen lassen. Den Backofen auf 180 °C vorheizen. Mürbteig ausrollen, in eine Springform geben, Rand hochziehen. Pudding-Apfel-Masse einfüllen. 50–60 Minuten backen. Aus der Form nehmen und ca. 5–6 Stunden auskühlen lassen.
Sahne mit Sahnesteif schlagen, Schmand unterrühren, auf die Torte streichen. Vor dem Servieren mit einer Zucker-Zimt-Mischung bestreuen.

ternden und krachenden Auto davon, um sich bei anderen Freunden, einzuquartieren. »Der Auspuff tut's auch nicht mehr lang«, rief ihr mein Vater hinterher.

Vor allem im Winter, wenn die Kälte durch die Fenster und Ritzen ihres ›Hexenhauses‹ zog, war Lulu zu bequem, in ihrem Herd in der Küche

Schneewittchenkuchen

Butter für die Form, 50 g Halbbitterschokolade, 1 Glas Sauerkirschen
Für den Teig: 100 g Butter, 150 g Zucker, 1 Päckchen (8 g) Vanillezucker oder Mark von 1 Vanilleschote, mit 1 EL Zucker vermischt, 3 Eier, 200 g Mehl,
½ Päckchen (ca. 25 g) Backpulver, 65 ml Milch, 10 Tropfen Rosenlikör
Für den Belag: 250 g Sahnequark (oder Magerquark), 1 Päckchen (8 g) Vanillezucker, 1½ EL Zucker, 250 ml Sahne
Für den Guss: 1 Päckchen (37 g) Tortenguss rot, 250 ml Kirchsaft

Den Backofen auf 175 °C vorheizen. Alle Teigzutaten zu einem Rührteig verarbeiten. Die Hälfte davon auf den Boden einer gefetteten Springform streichen. Die Schokolade über dem Wasserbad schmelzen und mit der anderen Hälfte des Teigs verrühren. Auf den Teig in der Form geben, Sauerkirschen darauf verteilen. 30 Minuten backen.
Für den Belag Quark mit beiden Zuckersorten vermengen. Steif geschlagene Sahne unter die Quarkmasse heben. Die Masse auf den abgekühlten Kuchen streichen. Tortenguss mit dem Kirschsaft verrühren und gleichmäßig verteilen.

Feuer zu machen. Dann flüchtete sie zu uns ins gemütliche Bauernhaus. Abends, im Dämmerlicht brennender Kerzen, lauschten wir ihren Geschichten. Die Märchenerzählerin entführte uns ins Reich der Fantasie, in dem es weder unüberwindbare Grenzen noch ein liebloses Ende gab.

Die Tante zog uns mit der Kunst der Sprache in ihren Bann. Schließlich war Lulu bis zu ihrer Eheschließung Schauspielerin gewesen. Dieser Zeit trauerte sie nach. Später sei ihr Talent, wie sie meinte, leider verkümmert. Sie hatte klassischen Rollen gespielt, das Käthchen von Heilbronn oder das Gretchen im ›Faust‹. Allerdings fiel es mir schwer, mir die Tante als blondes Gretchen vorzustellen. Ich sah sie eher als Idealbesetzung in der komischen Rolle von ›Charleys Tante‹.

Onkel Eduard, ebenfalls Schauspieler, feierte einst in Kleists Stück ›Prinz Friedrich von Homburg‹ im Stadttheater große Erfolge. »Alle Frauen waren verrückt nach ihm«, schwärmte Lulu. Sie hatte ihn erobert, ihn, dem die Damen Rosen und manchmal sogar ihre kleinen seidenen Dessous auf die Bühne warfen.

Eduard war 35, als Lulu ihn kennenlernte, ein gefeierter Bühnenstar und charmanter Weiberheld. Es war nicht nur der Liebe wegen, dass sie alles daransetzte, Eduards Frau zu werden. Ihren eigenen Nachnamen empfand sie für eine schauspielerische Karriere als zu kleinbürgerlich, zu provinziell: Lulu Meier!

Eduard von Eulenschwang, dieser Name hatte Klang. Eifrig stickte sie das Monogramm ›LvE‹ in die Wäsche ihrer Aussteuer, wobei sie das kleine ›v‹ deutlich hervorhob. Denn darüber war sich Lulu im Klaren: Wäre sie erst mit Eduard verheiratet, würde sich der Glanz des Adels auch auf ihre Person legen.

Lulu Freifrau von Eulenschwang: Heimlich übte sie die schwungvolle Unterschrift, bis –

Ja, bis sie auf dem Standesamt vom adeligen Thron tief in den Abgrund der Enttäuschung stürzte. Erst hier, und erst nach ihrem Jawort, nachdem es nicht mehr zu umgehen war, gestand ihr Eduard, ihr frisch angetrauter Ehemann: ›Von Eulenschwang‹ war nur sein Künstlername. Von nun an würde sie Lulu Huber heißen.

Die Hochzeitsfeier endete mit einem Wutanfall der Braut und Eduard Huber suchte Trost in der nächsten Kneipe.

Aber auch einige andere von Lulus Träumen zerplatzten bald. Ihre Karriere nahm ein jähes Ende. Sie wurde schwanger, und Eduard, eifersüchtig auf alles, was sie betraf, hatte schon von Anfang an ihren Rückzug von der Bühne ins Hausfrauenleben gefordert.

Anfangs kostete Lulu diese neue Lage sogar hingebungsvoll aus. Doch dann begann sie nachts von den Texten zu träumen, die er für seine Rollen am Theater laut auswendig lernte.

Wenige Jahre später erklärte der egozentrische Eduard überraschend, er habe beschlossen, jetzt, auf dem Höhepunkt seiner Karriere, von der Bühne abzutreten. »Sonst verdorren die Lorbeeren meines Ruhms. Zuletzt spiele ich womöglich nur noch den siebten Zwerg im ›Schneewittchen‹. Eine derartige Rolle kann man mir nicht zumuten, sie bringt nicht mehr weiter.«

Er überließ es Lulu, sich um die täglichen Dinge des Lebens zu kümmern, ihren gemeinsamen Sohn großzuziehen und ihr kleines ererbtes Vermögen sparsam einzuteilen.

Bei ihrer Rückschau in die Vergangenheit legte sich bitterer Rost auf die Stimme der Tante.

Und meine Mutter meinte: »Lass deinen Eduard in Frieden ruhen, bring mir lieber einmal das Rezept für die wunderbare Apfeltarte vorbei.«

Der Kampf mit dem Herd

Im Nachlass ihrer Mutter hatte Lulu ein handgeschriebenes Kochbuch entdeckt. Damit begann ihr Kampf mit dem massiven Herd in der Küche ihrer ›Hütte‹, einem Monstrum aus grauer Vorzeit mit einem tiefen Backrohr. Die früheren Besitzer des Hauses waren Bauern gewesen und hatten für Knechte und Mägde, für Kälber und Schweine wie selbstverständlich Tiegel, Töpfe und Pfannen über die heiße Herdplatte geschoben. Lulu musste das erst lernen. Anfangs zog sie verkohlten Kuchen aus dem Rohr und entsorgte angebrannte Plätzchen im Feuer. Sie kratzte Topfböden sauber und fütterte unsere Hühner mit schwarzem Apfelstrudel.

Eines Tages, mein Vater war gerade zu Besuch, brachte sie den Herd besonders heftig zum Glühen. So heftig, dass ihr Gast Eimer mit Löschwasser vor die Küchentüre stellte und fragte: »Soll ich die Feuerwehr alarmieren?« Frotzelnd meinte er: »Du erinnerst mich heute an die Hexe im Märchen von Hänsel und Gretel. Welchen Hänsel willst du denn in den Ofen schieben und braten?«

Der Maxl, ein Nachbarsbub, hatte sich gerade neugierig in die Küche geschoben und hörte die Frage meines Vaters. Sie versetzte ihn so in Panik, dass er, nach seiner Mama schreiend, fluchtartig davonjagte und sich in den folgenden Wochen nicht mehr in der ›Hütte‹ blicken ließ.

Schließlich aber gewann Lulu ihren Krieg mit dem Höllenherd und schwang sich zu einer Meisterin der Kuchenkunst auf. Das bekam zwar ihrer Figur nicht gut, aber Backen und Schlemmen machten sie glücklich. »Na ja, alles kann der Mensch nicht haben, entweder Pudding und Gewicht oder schlanke Linie und Frust«, erklärte sie.

Den Frust über das Gewicht spülte sie für gewöhnlich mit einer kleinen alkoholischen Stärkung herunter. Danach, leicht angeheitert, betrachtete sie sich und die Welt durch eine rosarote Brille. Sie kramte in ihrer Tasche, verschwand zwischendurch nach draußen, um eine Zigarette zu rauchen, und vermied es geflissentlich, schwierige Wörter mit ›Sch‹ auszusprechen.

Der Frosch im Salat

Rezept
Liebesbusserl · S. 35

Wie schon erwähnt, tauchte Tante Lulu gerne überraschend mit ihrem grünen Auto, genannt ›der Frosch‹, bei uns auf. Nachdem einer Vollbremsung hupte sie für gewöhnlich energisch, damit wir sie gebührend empfingen.

Dank ihres sportlichen Fahrstils landete sie dabei einmal im Gemüsegarten, zum Entsetzen von unserer Köchin Betty. Der Wagen donnerte in dem Augenblick über die dicken Salatköpfe, als sie gerade einen fürs Mittagessen holen wollte. Die Folge waren ein großes Geschrei und Lulus Versprechen, als Wiedergutmachung einen Kuchen zu backen. Meine Großmutter kreischte empört dazwischen: »Jetzt haben wir den Frosch im Salat! Lulu«, schimpfte sie weiter, »so wie du Auto fährst, müsste man dir den Führerschein wegnehmen.«

Daraufhin quetschte sich die Tante wieder in ihren Wagen, startete durch, fuhr mit Karacho rückwärts aus dem Beet und landete in den Rosenbüschen. Wir spannten unser Pferd ein, das wir der Waldarbeit wegen noch fütterten, und zogen den ›Frosch‹ zurück auf den sicheren Hof.

Nach diesem denkwürdigen Ereignis nahm sie freiwillig einige Fahrstunden. Uns gegenüber entschuldigte sie ihr Unglück mit der lapidaren Ausrede, sie habe lediglich beweisen wollen, wie gut sie noch Auto fahren könne. Schließlich habe sie ihren Führerschein schon in den Dreißigerjahren gemacht.

An Lulus missglückte Fahrkünste erinnerte von diesem Tag an in unserer Familie das geflügelte Wort: »Jetzt haben wir den Frosch im Salat.« Man hörte es bei dem einen oder anderen kleinen oder größeren Missgeschick – und die Tante selbst sorgte dafür, dass es nicht in Vergessenheit geriet.

Es war wohl Anfang November. Nachtfrost hatte eine dünne Eisschicht über den matschigen, lehmigen Boden um die Miststatt gelegt, die auf der Südseite vor dem Kuhstall einen weiten Raum einnahm. Rundum führte eine leicht abschüssige Fahrspur, was das Aufladen und Abfahren des Mistes erleichterte. Denn zwanzig Milchkühe produzierten einen beträchtlichen Haufen. Bei Regenwetter lief eine braune Brühe über die sanfte Neigung in die gegenüberliegende Wiese. Mein Vater hatte überlegt, wie man dieses Problem lösen könnte, und entschieden, dass die vom Stall abgewandte Seite des Misthaufens mindestens um einen Meter tiefer gelegt werden müsste, damit die Brühe durch ein Rohr abgeleitet werden könnte. So war mit dem Ausschachten begonnen worden.

Zu dieser Zeit kam Lulu einmal besonders rasant angefahren. Mein Vater fauchte in Anbetracht des Salatbeets: »Du verrücktes Huhn. Anscheinend hast du wieder mal vergessen, wo die Bremse ist.«

Lulu schrie beleidigt zurück: »Das werde ich dir gleich beweisen, wie sicher ich bremsen kann!« Sie gab Gas und fuhr donnernd im Kreis um den Misthaufen herum. Beim zweiten Mal nahm sie die untere Kurve zu eng. Der leichte Frostfilm auf der braunen Brühe trug dazu bei, dass der ›Frosch‹ außer Kontrolle geriet. Die Tante schleuderte mit ihrem Wagen auf die Kuppe des Misthaufens. Der Schwung trieb das Auto tief in den braunen Brei hinein, bis es stecken blieb und langsam im Dreck versank.

Nun war guter Rat teuer. Wie die Tante befreien? Wie ihr Auto aus dem Mist zie-

Liebesbusserl

1 cl Rum, 3 Eiweiß, 1 Päckchen (8 g) Vanillezucker, 250 g Zucker, 1 Prise Salz, 250 g Mandelstifte, 125 g Sultaninen, Oblaten

Sultaninen mit Rum übergießen, etwas ziehen und später auf Küchenkreppe abtropfen lassen. Den Backofen auf etwa 150 °C vorheizen. Eiweiß mit beiden Zuckerarten und Salz zu sehr steifem Schnee schlagen (man muss den Topf kippen können, ohne dass der Eischnee herausfällt). Mandeln und Sultaninen unterheben und kleine Häufchen auf die Oblaten setzen. 15 Minuten im Ofen trocknen lassen. Die Liebesbusserl dürfen goldgelb anbräunen.

hen? Es blieb meinen Eltern nichts anderes übrig, als die freiwillige Feuerwehr zu holen. Die Burschen legten sich gewaltig ins Zeug, nachdem ihnen als Entlohnung für ihren Hilfseinsatz mehrere Kästen Bier auf Lulus Kosten versprochen worden waren. Den braun gefärbten Frosch spritzten sie mit Löschwasser wieder grün.

Lulu schlich, umwabert von einer stinkenden Duftwolke, wie ein begossener Pudel ins Haus und zum Bad. Von meiner Großmutter erbat sie sich Ersatzkleidung. Doch die war ihr leider zu eng. Deshalb wühlte Elfriede in einer Truhe und förderte dabei einen schwarzen Kaftan ans Licht, den sie einmal auf einem Faschingsball getragen hatte.

Die Haare frisch gewaschen, umhüllt von einem riesigen Turban aus einem Frotteehandtuch, die Figur formlos in einer wallenden schwarzen Stofffülle verborgen tauchte die Tante wenig später bei Betty in der Küche auf.

Unsere Köchin starrte Lulu respektlos an. In ihrem herzhaftem Bayrisch meinte sie dann: »Sie schaugn bis zum Hois wia a dicke, verschleierte Mama ausm Orient aus und obn wia a amerikanische Schauspielerin, die im Schönheitssalon auf die Gurknscheibn fürs Gsicht wart.«

Wortlos setzte sich Tante Lulu an den Küchentisch und starrte stumm vor sich hin. Ihr, die sonst so viel redete, hatte es die Stimme verschlagen.

»Nun beruhige dich«, tröstete sie meine Mutter. »Du hast uns zwar einen schönen Schrecken eingejagt. Aber Gott sei Dank ist nicht allzu viel passiert. Sogar der Motor von deinem Auto funktioniert noch. Nur das Gebäck, das Du mitgebracht hast, werden wir an die Hühner verfüttern müssen.«

»Vielleicht legen s' dann Schoko-Eier mit Vanillegeschmack«, bemerkte Betty sarkastisch.

Lulu sah meine Mutter schuldbewusst bis leicht verzweifelt an und versicherte: »Ich verspreche, das passiert mir nie wieder, von jetzt ab fahre ich langsamer und vorsichtiger.« Ein Versprechen, an das sich Lulu zunächst hielt – bis sie es nach kurzer Zeit vergaß.

Der Liter Lavendelwasser kostete viel Geld. Auch das Kölnischwasser und die Flasche Eau de Toilette Chanel No. 5 waren teuer. Mit diesem Duftgemisch sprühte und wusch Lulu ihren Wagen innen aus. Auf diese Weise wollte sie den penetranten Ammoniak- und Stallgeruch überdecken, der noch lange in den Sitzbezügen hing.

Tante Florentine

Rezept
Elises Teemischungen · S. 39

Es wurde wieder Frühling. Lulu lüftete ihr Haus, empfing Gäste, holte ihre Topfpflanzen aus dem Winterquartier und pflanzte neue Blumen. War sie nicht zu Hause anzutreffen, dann fand man sie bei ihrer Freundin Florentine. Bei den damaligen Straßenverhältnissen auf ungeteerten, engen und kurvigen Straßen war man über Tölz und Benediktbeuern bis zu ihr in der Gegend um den Starnberger See gut und gern zwei Stunden oder sogar länger unterwegs. Baronin Florentine von Livland lebte dort in dem Haus, das sie von ihrer Mutter Alexandra geerbt hatte.

Tante Lulu und Florentine kannten sich seit ihrer Schulzeit. Ebenso lange war auch Elise mit den beiden verbunden. Mit sechzehn war sie in den Dienst von Alexandra getreten.

Im Lauf der Jahre habe ich Lulu oft zu ihrer Freundin begleitet. In meiner Erinnerung bringe ich wohl ab und zu die Zeiten durcheinander. Manchmal sehe ich mich dabei als Kind, aber ich war auch oft dabei, als ich schon längst erwachsen war. Unwandelbar habe ich dagegen das Bild von Tante Lulu und Florentine als ältere Damen vor mir. Die eine ein wenig füllig, auch im Alter noch mit tizianrot gefärbtem Haar, humorvoll und redelustig. Mit leicht wallenden Kleidern kaschiert sie die Pölsterchen ihrer Figur. Florentine mit grauen Haaren in gepflegter Dauerwellenfrisur, gekleidet in einen abgetragenen Lodenrock mit klassischer Strickjacke. In England hätte man sie als Landlady bezeichnet.

Als Erwachsene bin ich immer gern zu Florentine gefahren. Als ich noch Kind war, sah die Sache ein wenig anders aus. Florentine, die Frau Baronin, war streng, eine Respektsperson, und ich fürchtete mich ein wenig vor ihr. Sie legte bei Kindern großen Wert auf gute Manieren. Ich musste sie mit einem Knicks begrüßen. Wenn sie mir Kekse anbot, musste ich sie zweimal dankend ablehnen, ehe ich davon aß. Aber meine Mutter, die manchmal dabei war, erlaubte mir auch dann nur, einen einzigen zu nehmen. Bei Tisch hatte ich gerade zu sitzen und zu schweigen. Tante Lulu und Tante Florentine achteten peinlich genau auf meine Tischsitten. Sie beobachteten skeptisch meine Künste, mit Messer und Gabel umzugehen, womit ich zeitweilig eher ungeschickt jonglierte. Wie aus einem Mund riefen sie: »Der Ellenbogen gehört nicht auf den Tisch!« Unwillkürlich erinnerte ich mich dabei an meinen Vater.

Ihm hatte man als Kind, so erzählte er, Bücher unter die Arme geklemmt, damit er lernte, die Arme beim Essen nicht abzuspreizen.

Einmal kleckerte ich braune Soße über mein weißes Kleid. Zu meinem großen Unglück öffnete sich der Boden nicht, in den ich versinken wollte. Man schickte mich in die Küche zu Fräulein Elise. Vor ihr fürchtete ich mich anfangs noch mehr als vor Florentine. Ich hatte die Tanten einmal flüstern hören, die Haushälterin sei eine Giftmischerin. Zwar wusste ich nicht, was diese Bemerkung bedeutete, aber sie klang bedrohlich.

Die Küche, in der Elise das Regiment führte, erschien mir wie die Kräuterstube einer heilkundigen Hexe. Wenn auch die zum Trocknen aufgehängten Pflanzen und Knoblauchzöpfe fehlten, so reihten sich in verschiedenen Regalen doch Gläser und Dosen mit undefinierbaren Blättchen, Gewürzen, Körnern oder Samen aneinander. Daraus mischte sie für jedes Wehwehchen einen Tee, setzte Kräuterliköre an oder rührte Salben. Elises ›Wohlfühltee‹ oder den ›Gute-Laune-Tee‹ schätzte ich besonders. Aber war es ratsam, ihn zu trinken?

ELISES TEEMISCHUNGEN

Es ist ratsam, sich die beiden Rezepte in der Apotheke mischen zu lassen.
Beim Selbsttrocknen der einzelnen Blätter und Blüten besteht bei unsachgemäßer Lagerung die Gefahr der Entstehung von Schimmelpilzen.

10 g Brombeerblätter
10 g Himbeerblätter
5 g Ringelblumenblätter
5 g Pfefferminzblätter
10 g Hagebuttenschalen

5 g Holunderblüten
je 10 g Brombeerblätter
und Himbeerblätter
5 g Zitronenverbenen
10 g Apfelstücke oder Schalen
5 g Hibiskusblüten
10 g Hagebuttenschalen.

Einmal stand ich hinter der Tür und hörte, wie Tante Florentinte zu Lulu sagt: »Solange sie nicht verwechselt, was guttut und was giftig ist, vertraue ich ihr.«

»Und wenn sie doch in den einen oder anderen Tee Blättern des hochgiftigen Fingerhuts oder des tödlichen Blauen Eisenhuts gemischt hat und damals deiner Mutter so etwas serviert hat?«, erwiderte Lulu.

Darauf Florentine: »Warum? Aus welchem Grund hätte sie das tun sollen? Sie hat meine Mutter nicht umgebracht, davon bin ich überzeugt.«

Dann wieder hörte ich Lulu: »Wo aber sind damals die kostbaren Ohrringe aus dem Besitz deiner Mutter geblieben? Hat Elise sie an sich genommen?«

Ich musste niesen. Die beiden Tanten hörten sofort auf zu reden. Sie hatten bemerkt, dass ich hinter der Türe stand und lauschte.

Trotz der schlimmen Verdächtigungen, die Lulu gegen sie hegte, begann ich Elise mehr und mehr als den guten Geist in Florentines Rosenhaus anzusehen. Dort duftete es immer ein wenig nach Lavendel, Pfefferminz und Rosen. Geisterte allerdings die weiße Frau in Vollmondnächten über die Treppe – bald glaubten außer mir auch andere Gäste daran –, dominierte das Duftgemisch von Nelken und Zimt.

Elise, die Hüterin des Kräutergartens, sollte eine Giftmischerin sein? Das mochte ich bald nicht mehr glauben. Doch wo war der Schmuck, wo waren die wertvollen Ohrgehänge geblieben? Seit Alexandras Tod galten sie als verschwunden, und Lulu behauptete, Elise habe sie an sich genommen.

Elise

Elise muss etwa sechzehn Jahre alt gewesen sein, als sie 1913 oder 1914 in Alexandras Dienst trat. Lissi, wie man sie damals nannte, das Mädchen aus dem Armenviertel der Wiener Vorstadt, war von einem Arbeitsvermittler zu Alexandra Baronin von Livland geschickt worden. Plötzlich glaubte ich die Szenerie vor mir zu sehen.

Langsam, zögernd stieg das Mädchen die breiten Stufen hinauf, die zum Eingang des prachtvollen Palais emporführten. Hier, ganz in der Nähe der Oper, wohnte die berühmte Sängerin. Bei jedem Schritt fühlte Lissi den kalten Marmor unter ihren nackten Füßen. Mit ihrem kurzen, geflickten Kleid und den zerzausten Haaren hätte man sie für Aschenputtel halten können. Am Portal wurde sie von einem Diener streng gemustert und dann doch gnädig hereingelassen. Er behandelte sie wie eine räudige Straßenkatze, die ins Regenfass gefallen war. Aber das musste sie sich von diesem Mann, bei allem Respekt und vielleicht sogar ein bisschen Furcht, auch nicht gefallen lassen. Hinter seinem Rücken streckte sie ihm, ohne dass er es bemerkte, die Zunge heraus. Dann folgte sie ihm in den Salon.

Dort stand sie dann, leicht verlegen, antwortete auf die Fragen der Frau Baronin und folgte ihr auf deren Aufforderung hin schüchtern ins Schlafzimmer.

Dort registrierte sie mit versteckter Neugierde und flinken Augen die umständlichen Bemühungen der Frau Baronin, einige Kleidungsstücke in einen Koffer zu packen. Lissi meinte, dass sie das besser erledigen könnte. War der Unterschied zwischen Äpfeln, die sie auf dem Markt in einen Korb sortieren musste, und seidenen Hemden auch gewaltig, sorgfältig musste man mit beiden umgehen.

Anfangs, nachdem sie ihren Dienst angetreten hatte, glaubte Lissi zu träumen. Sie meinte zu schweben, in einen Märchenpalast zu sein, weit weg von ihrem bisherigem Leben. Hier gab es ein riesiges Himmelbett. Die zerwühlten Kissen schienen das Ergebnis einer heißen Nacht, in der man, anstatt sich zuzudecken, die Wärme eines anderen Körpers gesucht hatte.

Dass in diesem Bett nur zwei Menschen schliefen, mochte Lissi kaum glauben. Bei ihr zu Hause musste sie mit der Mutter und den Geschwistern auf einer einzigen Matratze liegen. Die Frau Baronin und der Fürst Nikolai, mit dem sie nicht verheiratet war, aber trotzdem zusammenlebte, hatten dieses gewaltige Bett für sich allein!

Die gütige Frau Baronin kaufte ihr eine weiße Schürze, dazu ein passendes Spitzenhäubchen und ein neues schwarzes Kleid. Wenige Wochen später erklärte ihr Baronin Alexandra, dass sie leider mit dem Fürsten Nikolai Wien verlassen müsse und nach Bayern ziehen wolle, wo sie sich ein Haus gekauft hätten.

Lissi musste nicht lange überlegen.

Im Schlafzimmer des Palais in Wien hatte das kleine Stubenmädel erkannt, dass sich für sie eine Tür in eine andere Welt geöffnet hatte. Hier duftete es nach Parfüm, klangen die Worte Bitte und Danke an ihr Ohr, und sie bekam Schuhe geschenkt!

Die kleine Lissi beschloss, nie wieder in die trostlose Wohnung ihrer Eltern, in das Mietshaus in der Wiener Vorstadt zurückzukehren. Nie wieder wollte sie sich mit den anderen Bewohnern um die Benutzung der einzigen Toilette streiten und Trinkwasser mit einem Kübel aus einem Brunnen im Hof schöpfen. Von jetzt ab würde sie im Sonnenlicht leben, vom frühen Morgen bis zu deren Untergang. In der dunklen Wohnung ihrer Eltern bekam sie die Sonne wegen der gegenüberliegenden Häuser kaum zu sehen. Lediglich mittags schimmerte sie für kurze Zeit durch die blinden Scheiben der Küche, und das nur im Hochsommer.

Mit diesen Gedanken entschied sich Lissi gegen den undefinierbaren Gestank aus Waschpulver, Sauerkraut, Kloake und Schmutz, der sie bisher eingehüllt hatte. Und gleichzeitig schwor sie sich, niemals ihre Beine breit zu machen. Nie sollte sich ein Mann auf ihr wälzen und bewegen können und Macht über sie bekommen.

Wie oft war sie nachts auf den eiskalten Flur geschlichen, obwohl sie Angst hatte, vom betrunkenen Vater eine Tracht Prügel zu bekommen oder von ihm am Busen und weiter unten befingert zu werden! Aber sie wollte nicht miterleben, wie die Mutter ›die Sache‹ wehrlos über sich ergehen ließ. Mit dieser hungrigen Armut wollte sie nie wieder etwas zu tun haben!

Und noch etwas nahm sich das halbwüchsige Mädchen vor, das nun bei der Herrschaft in Dienst war: Die Lissi aus dem Hinterhaus der Vorstadt sollte es nicht mehr geben. Von nun an war sie das Fräulein Elise. Auch wenn sie anfangs nur die Kleider der Gnädigen in den Schrank hängen durfte und, nachdem der Diener gekündigt hatte, die Unterhosen des Fürsten wusch und bügelte.

Als sie nach Bayern umgezogen waren, übernahm Elise endgültig das Regiment. Sie sorgte selbstbewusst für Ordnung, verwaltete das Haushaltsgeld und bevormundete Alexandra und Nikolai, ohne dass diese etwas dagegen einzuwenden gehabt hätten. Was also hätte Elise für Gründe gehabt, ihr Idol, ihre geliebte Alexandra Baronin von Livland, zu vergiften?

Der verschlossene Schrank

Rezept
Kokossahnekugeln · S. 45

Neugierig wie Kinder sind, entdeckte ich eines Tages in Elises Dachkammer eine schmale Türe, die zu einem abgetrennten Dachbodenraum führte. Dort stand ein wuchtiger verschlossener Schrank, und ich hätte zu gerne erfahren, was in seinem Inneren verborgen war.

Um in diesen Teil des Speichers zu kommen, schlich ich über die schmale Holztreppe nach oben und huschte auf Zehenspitzen durch Elises Kammer. Den Raum beherrschte ein einfaches Bettgestell. Das spartanische Möbel wurde von einem seidenen Vorhang geschützt, ein dickes Federbett türmte sich darauf und darüber spannte sich ein Himmel aus

Kokossahnekugeln

125 ml Sahne, 50 g Kokosfett, 2 Tafeln (à 100 g) weiße Schokolade (fein zerbröckelt), 100 g Kokosflocken, plus Kokosflocken für die Dekoration, einige Korianderkörner (im Mörser zerstoßen)

Sahne erhitzen, Kokosfett und geschmolzene Schokolade dazugeben, Kokosflocken und Koriander unterrühren, kalt stellen. Kugeln formen und in Kokosflocken wenden.

Goldstoff. Ein derart aufgebauschtes Bettzeug hatte ich noch nie gesehen: spitzenbesetzte Paradekissen, seidene Überzüge und ein mit Daunen gefülltes rotes Unterbett. In dieser Ansammlung von Federkissen wäre sogar eine Märchenprinzessin auf Nimmerwiedersehen in der Fülle von seidenen Kissen versunken und hätte es sicher nicht gespürt, dass sie auf einer Erbse lag.

Dieser pompöse Luxus passte nicht zur sonst so spärlichen Einrichtung und schon gar nicht zu Elise. Florentines Haushälterin war sogar an den Sonntagen streng grau oder schwarz gekleidet und wollte sich auch im Sommer kaum von ihren dicken Wollstrümpfen trennen. Elise im sündigen Spitzennachthemd auf diesem Lotterbett? – Nein, das konnte ich mir nicht vorstellen.

Das schiefe Nachtkästchen passte schon eher zu Elise und zu dem einfachen Bettgestell. Neugierig blätterte ich in dem Notizheft, das neben dem Wecker lag. Wirkt schnell ohne Nebenwirkungen, konnte ich mühsam entziffern. Daneben lagen in einer geöffneten Dose Kokossahnekugeln*, wie ich sie schon oft bei Florentine probiert hatte. Aber dieses Mal verzichtete ich lieber darauf, eine zu stibitzen.

Magisch zog es mich immer wieder, an Elises Luxusbett vorbei, durch die verborgene Türe, zum Speicher. Eines Tages fand ich den Schlüssel, der in das Schloss des wuchtigen Schranks passte. Elise erwischte mich bei dem Versuch, ihn zu öffnen. Wütend jagte sie mich davon und drohte mir eine giftige Höllenstrafe an, falls sie mich noch einmal in der Nähe des Schranks oder in ihrer Kammer erwischen würde. Das nährte den Verdacht, dass sie doch eine Mörderin war, die ungestraft im Haus von Florentine lebte und deren Haushalt führte.

Fräulein Elise – sie legte zeitlebens wert auf diese Anrede – erinnerte mich mit ihrem schmalen, spitzen Gesicht und den grauen Augen an eine ausgemergelte graue Katze. Busenlos und hager, wie sie war, verglich ich sie mit der ›frommen Helene‹ in der Bildergeschichte von Wilhelm Busch. Nicht nur ihre Figur, auch ihr zum Knödel gedrehter Haarschopf machte sie der Helene, wie ich sie aus Buschs Zeichnungen kannte, verblüffend ähnlich.

Doch zurück zum Malheur mit meinem weißen Kleid, das ich mit brauner Sauce bekleckert hatte und deshalb von Tante Florentine in die Küche verbannt worden war. Elises Augen, versteckt hinter einer Nickelbrille, starrten mich streng an. Ihre Lippen verzogen sich zum energischen Strich – und ruck, zuck – zerrte sie mir mein Sonntagskleid über den Kopf und zog es mir aus. Halb nackt saß ich ihr nun zitternd gegenüber mit der quälenden Frage, was sie mit mir oder mit meinem Kleid vorhatte.

Elise ließ einen Topf mit Wasser volllaufen, entnahm einer Dose etwas weißes Pulver und vermischte es mit dem Wasser. Was hatte sie vor? Verzweifelt zog ich die Füße auf den Stuhl, umschlang sie mit meinen Armen und fing bitterlich zu heulen an. Das brachte Elise aus der Fassung. Ich steigerte mein Schluchzen theatralisch. Das hatte zur Folge, dass Florentines strenge Haushälterin mich schief ansah und dann plötzlich zu lachen begann.

Nun fand auch ich es komisch, halb nackt vor dieser hageren Frau mit den schmalen Lippen zu hocken und mich vor ihr zu fürchten.

Florentines Haushälterin rubbelte flink und energisch mein Kleid mit Wasser und Seife sauber. Anschließend holte sie einen Föhn, trocknete es, streifte es glatt und stülpte es mir wieder über den Kopf. Danach war ich wieder das »wohlerzogene kleine Weiberl« – wie mich Tante Lulu häufig liebevoll nannte -, das vor Schüchternheit nasse Hände bekam, wenn es etwas gefragt wurde, und das man in den Garten schickte, sobald die Erwachsenen über etwas sprachen, das nicht für Kinderohren bestimmt war.

Großmutters Auferstehung

Rezept
Rumkugeln · S. 50

Seit ich mich erinnern kann, liebte es Tante Lulu, größere Wanderungen durch den Wald rings um den Taubenberg und im Mangfalltal zu unternehmen. Anschließend kam sie zu uns, um sich auszuruhen. »Ich habe in der Nähe von euch bei den hohen Fichten einen Platz mit herrlichen reifen Blaubeeren entdeckt«, sagte sie eines Nachmittags und blickte mich auffordernd an.

Unsere Köchin Betty drückte mir ein Eimerchen und den blauen Henkeltopf in die Hand. Meine Mutter schickte mich los. Ich sollte genügend Blaubeeren sammeln, damit Betty für uns alle Blaubeerpfannkuchen backen konnte. »Ein Kind von acht Jahren kann man darum bitten, und weit ist der Weg ja auch nicht.«

Manche der alten Weiblein, die man in den Wäldern beim Beerensammeln traf, machten diese Arbeit mit einem Kamm. »Du hast flinke Finger«, erklärte meine Großmutter energisch. Sie setzte ihren Hut auf und beschloss mich zu begleiten.

Es war ein sehr heißer Nachmittag. Nach längerem Fußweg hatten wir den Blaubeerplatz entdeckt. Meine Großmutter erklärte, ihr fiele das

Bücken schwer. Sie würde sich inzwischen auf einen Baumstumpf setzen und auf mich warten. Flink kroch ich durch die Büsche, mühte mich unter Jungfichten hindurch, zerkratzte mir die Beine und pflückte, zupfte und sammelte.

Die Sonne verlor ihren goldenen Schimmer, die Schatten an den Bäumen wurden dunkler und länger. Es hatte wohl doch einige Zeit gedauert, bis mein Topf voll war. Wo war ich? Ich blickte mich hilflos um, rief »Hallo, Hallo, Oma, hier bin ich!« – Keine Antwort. Es dauerte eine Weile, bis ich endlich zwischen Brombeerranken und Farnkraut dorthin zurück fand, wo wir uns getrennt hatten. Meine Großmutter war verschwunden.

Ängstlich sah ich mich um, aber ich konnte sie nirgends entdecken. Entfernt leuchtete ein großer gelber Pilz, und daneben, im dunklen Schatten eines riesigen Baumes, zog sich etwas unheimliches Schwarzes in die Länge. Erneut rief ich: »Oma, Oma, wo bist Du?« Fürchterliche Angst kroch in mir hoch. War ein Zauberer durch den Wald gegangen und hatte meine Großmutter in nichts verwandelt, während ich Blaubeeren pflückte?

Es wurde noch etwas dunkler, die Sonne verschwand hinter Wolken, soweit ich das zwischen den Ästen der Bäume sehen konnte. Es war beängstigend still um mich. Kein Vogelgezwitscher, kein Schrei des Mäusebussards war mehr zu hören.

»Man muss seine Angst bekämpfen und der Gefahr ins Auge sehen!« Die Worte meines Vaters klangen in mir und trieben mich vorsichtig zu dem riesigen gelben Pilz. Um ehrlich zu sein, es war auch die Neugierde.

Rumkugeln

*150 g Vollmilchschokolade, 1 EL Rosinen, 1 EL Rum, 50 g weiche Butter,
1 Päckchen (25 g) Trinkschokoladenpulver, ca. 50 g Schokoladenstreusel*

Von der Schokolade 125 g auf einer Küchenreibe fein reiben, restliche Schokolade in kleine Stücke hacken. Rosinen ca. 10 Minuten in Rum einlegen, dann ganz klein schneiden. Butter geschmeidig rühren. Geriebene Schokolade, Trinkschokoladenpulver, Rum und gehackte Schokolade mit den Rosinen nach und nach unterrühren. Aus der Masse knapp walnussgroße Kugeln formen (Masse evtl. zwischendurch kalt stellen). In den Schokoladenstreuseln wälzen und kalt stellen.
Zum Servieren die Pralinen in Papierpralinenförmchen anrichten und eine Rose dazulegen.

Es war Großmutters Hut, der mich erschreckt hatte, und der lange Schatten kam von ihrem Rock. Lang hingestreckt lag sie auf weichem Moos. Der Hut hing halb über ihrem Gesicht. Scheu stupste ich sie am Arm. Sie reagierte nicht, weder auf meine Stimme noch auf meine erneute vorsichtige Berührung. Sie lag wie tot auf dem grünen Moos. Sie war also gestorben, während ich Blaubeeren sammelte.

In panischer Angst rannte ich heulend nach Hause. Was sollte ich nur ohne sie tun, ohne ihre Liebe? Wer würde mir jetzt abends noch ein Märchen vorlesen, wer würde mir kleine Geschenke zustecken? Ich erstickte fast vor Kummer, bis ich endlich zu Hause ankam.

Tante Lulu stand neben meinem Vater im Garten. Keuchend, heulend, schluchzend stürzte ich auf sie zu: »Die Oma ist tot!« Mein Vater ließ die Rosenschere fallen, Lulu warf den Gartenzwerg, den sie im Arm hatte, auf den Boden. Beide sahen mich verständnislos an, dann rasten sie vor mir her Richtung Wald. Meine Kinderbeine waren noch zu kurz, um mit ihnen Schritt zu halten. Außerdem tobte unser Dackel freudig um mich herum. Dieser Wettlauf, davon schien er überzeugt zu sein, wurde nur zu seinem Spaß veranstaltet. Kläffend jagte er auch Lulu vor die Beine, stolpernd platschte sie ins Gras. Mein Vater drehte sich um, half ihr wieder auf die Füße, und weiter ging die Hatz.

Der Hund war der Erste, der meine Großmutter aufstöberte, wie sie reglos auf dem Boden lag. Der Dackel, aufgeregt winselnd, leckte ihr abwechselnd das Gesicht ab und gab kurze Belllaute von sich. Ich starrte hilflos auf meine verstreut im Moos liegenden Beeren, das Eimerchen und der Henkeltopf waren umgefallen. Waldameisen liefen über meine mühsam gesammelte Ernte.

Es gibt diese kurzen Momente der Ergriffenheit, in denen die Menschen reglos und starr sind, ehe sie reagieren. »Mir ist der Schreck in die Glieder gefahren«, erklärte Lulu später. Denn plötzlich richtete sich meine Großmutter ruckartig auf, seufzte tief, starrte meinen Vater an und sagte: »Was tust denn du hier? Wie spät ist es? Mein Gott, habe ich tief und fest geschlafen.«

Und wieder gab es einen Moment der Starre, dann fühlte ich seine spürbare Erleichterung, dass meine Großmutter nicht gestorben war, sondern ihn gähnend ansah. »Du lebst, Gott sei es gedankt. Du hast nicht nur mir und Lulu, sondern besonders deiner kleinen Enkelin einen gehörigen Schrecken eingejagt. Von dem müssen wir uns alle erst einmal erholen«, brummte er streng und drehte sich zur Seite. Er wollte ihr nicht zeigen, wie sehr er in diesen Minuten gelitten hatte.

Zu Hause angekommen, genehmigten sich die Erwachsenen einen Beruhigungsschnaps, vielleicht auch zwei, und gönnten sich einige Rumkugeln*; »für die Nerven«, wie Lulu sagte. Und zu vorgerückter Stunde lachten alle samt meiner Großmutter und meiner Mutter über diese Aufregung.

Betty wuchtete die gusseiserne Pfanne auf den heißen Herd und verwöhnte uns mit paradiesisch goldgelben Pfannkuchen, auf denen die wieder eingesammelten Heidelbeeren klebten. Zu vorgerückter Stunde waren alle wieder fröhlich und lachten über diese Aufregung. Ich aber war mir ganz sicher, dass meine Großmutter wirklich tot gewesen war und dass es unser Dackel war, der sie wieder zum Leben erweckt hatte.

Die Fahrt zur Rosenflüsterin

Rezept
Sauerkirschcreme S. 54

Auch viel später noch, schon als junge Frau, bin ich mit Lulu öfter in ihrem Auto zur Baronin Florentine gefahren und hatte daran ebenso viel Freude wie die Tante. Allerdings brauchte ich bei ihrer Fahrweise viel Gottvertrauen, denn an Lulu schien eine Rennfahrerin verloren gegangen zu sein.

Mit ihrem ›Frosch‹, der gerade noch durch den TÜV gekommen war, rasselte sie viel zu schnell durch die Marktstraße von Bad Tölz, die damals noch nicht Fußgängerzone war. Ständig warf sie neugierige Blicke nach rechts und links zu den Schaufenstern und meinte, sie müsse sich bald einmal etwas Neues zum Anziehen kaufen. Einem entgegenkommenden Lastauto konnte sie im letzten Augenblick mit einem gewaltigen Schlenker ausweichen. Das hielt sie aber nicht davon ab, ohne Punkt und Komma weiterzureden. Schrill brüllte sie mir zu: »Kennst du die Tölzer Rose? Erinnere mich daran, dass ich Florentine danach frage.« Dann riet sie zu einem Besuch des berühmten Rosengartens im Kurviertel der Stadt neben dem Franziskanerkloster. »Sehenswert«, schrie sie und plauderte über Tölz, das im Dreißigjährigen Krieg furchtbar unter den Schweden gelitten hatte. Dann sei der Schwarze Tod, die Pest, gekommen und habe den Ort fast entvölkert. Aber die Bürger und Handwerker hätten den Ort wieder auf die Beine gebracht, er liege ja an der Isar und habe von der Flößerei immer sehr profitiert.

Doch auch später, erzählte Lulu, waren die ruhigen Zeiten meist nur von kurzer Dauer. Im Österreichischen Erbfolgekrieg seien die Panduren marodierend durchs bayrische Oberland gezogen und hätten Angst und Schrecken unter den Tölzern verbreitet. Allerdings rechneten sie nicht mit dem Mut der Isarwinkler Bauern, die dem slowenischen Korps des österreichischen Freiherrn von der Trenk immer wieder Paroli boten ...

SAUERKIRSCHCREME
Die Creme ähnelt der Roten Grütze.

Je 250 g Rote und Schwarze Johannisbeeren (alternativ Johannisbeerkonfitüre, vermischt mit ca. 100 ml Himbeersaft), 200 g Zucker, 250 g Sauerkirschen (aus dem Glas), 7–8 Blatt Gelatine, 300 g Erdbeeren (frisch oder tiefgefroren), geviertelt, ½ Schnapsglas (1 cl) Kirschschnaps

Die Johannisbeeren mit Zucker aufkochen, dann den Saft sieben. Die Sauerkirschen in den heißen Saft schütten. (Bei ersatzweise Verwendung von Konfitüre nicht kochen.) Die Gelatine in dem erwärmten Kirschsaft auflösen und zu dem Saftgemisch geben. Eine große Schale mit geviertelten Erdbeeren auslegen und die übrigen Zutaten in die Schale schütten. Die Schale mindestens 12 Stunden kalt stellen. Im Gegensatz zu der üblichen roten Grütze soll diese Creme fest sein. Man reicht eine gute Vanillesoße oder Schlagrahm dazu.

Tante Lulu erzählte lang und breit und mit großer Eindringlichkeit. Schon sahen wir den Zwiebelturm der Kirche von Bad Heilbrunn in der Sonne leuchten. Aber Lulu war mit ihrer Tölzer Stadtgeschichte noch keinesfalls zu Ende.

Wie sie wusste, wütete im Jahr 1770 über dem Ort ein furchtbares Unwetter, wobei große Mauerteile vom Tölzer Schloss einstürzten. Wozu das Gebäude wieder aufbauen? Lohnender, so befand der Magistrat, war es, die Steine auf Isarflöße zu verladen und nach München zu bringen, um sie dort zu verkaufen. In dieser Zeit wurde die kurfürstliche Residenz erweitert. Man brauchte dringend Baumaterial.

Als München im Zweiten Weltkrieg bombardiert wurde, versank auch die Residenz in Schutt und Asche. Nach Kriegsende 1945 klopfte man in vielen Ruinen Münchens die Steine wieder sauber und verwendete sie zum Wiederaufbau. Wurden auch die Steine aus Tölz derart bearbeitet und erneut in der Residenz verbaut? Oder wurden sie zum sogenannten Schuttberg im Norden der Stadt transportiert und entsorgt?

Lulu hielt sich mit diesen Fragen nicht weiter auf. Sie knatterte über die Landstraße, schnitt die Kurven mit überhöhter Geschwindigkeit und gab Gas, wo ich es zurückgenommen hätte. Nebenbei quasselte sie über einen jungen Mann, der sie zu einer gemeinsamen Spritztour auf seinem Motorrad eingeladen hatte. In einer Kneipe in Rottach hatte sie ihn kennengelernt und war mit ihm und seinen Freunden versumpft. Natürlich waren die jungen Burschen von ihr eingeladen worden. Das hatte allerdings zur Folge, dass sie den Rest des Monats von Gemüsesuppe leben musste. Ihr Etat war auf zählbares Kleingeld zusammengeschrumpft.

Sommerliche Ausflüge ins Rosenreich von Florentine waren immer wieder etwas Besonderes. Den Nachzüchtungen englischer Duftrosen gehörte die besondere Fürsorge der Baronin. Wenn diese zu blühen begannen, erlebten wir in ihrem Garten einen Rausch der Sinne. »Wie schaffst du es nur bei unserem rauen bayrischen Klima, dass die Rosen hier so kräftig und ohne Krankheiten gedeihen?«, erkundigte sich nicht ohne Neid mein Vater, der ein ebenso begeisterter Gärtner war.

»Du musst nicht sofort zur chemischen Keule greifen, um kranken Pflanzen zu helfen«, belehrte ihn die Rosenfrau.

Wir kamen dahinter, dass ein bestimmter Eimer Florentines Geheimnis barg: eine schauerlich stinkende Flüssigkeit, angesetzt nach einem Geheimrezept von Elise.

»Wer weiß, wie viele giftige Substanzen in dieser Brühe schwimmen?«, flüsterte mir Lulu zu und meinte: »Die arme Alexandra, bin gespannt, ob die Rosen eine derartige Behandlung überleben.«

Elise und Florentine durften solche bösen Bemerkungen allerdings nicht hören, sonst wäre die Tante sicher nicht mehr ins Rosenhaus eingeladen worden.

Ich hatte mir inzwischen meine eigenen Gedanken über diese drei Frauen und besonders über Elise gemacht. In Florentines Küche, zwischen den Gläschen mit den Gewürzmischungen, hatte ich eines mit der Aufschrift ›Italienische Kräuter‹ entdeckt. Die drei Ausrufezeichen auf dem Etikett waren mir aufgefallen. Italienische Kräuter? Der Inhalt roch weder nach Oregano noch nach Basilikum. Ein scharfer, unangenehmer Gestank trieb mir Tränen in die Augen. Was war das für ein geheimnisvolles Pulver?

Unwillkürlich dachte ich an Napoleon. Behaupteten nicht manche, der französische Kaiser sei mit winzigen Dosen von Arsen im Essen nach und nach vergiftet worden?

Es wäre Wasser auf Lulus Mühlen gewesen, hätte ich ihr von meiner Entdeckung im Gewürzregal berichtet. Doch ich schwieg.

Florentine, von meinem Vater respektvoll, ja mit Bewunderung ›die Rosenflüsterin‹ betitelt, schien unbegrenztes Vertrauen zu Elise zu haben. Häufig konnte man die beiden Frauen zusammen im Garten beobachten, in Gespräche vertieft. Noch öfter jedoch sah ich Florentine dort allein zwischen den Beeten. Mit ihrem altem Strohhut auf dem Kopf stand sie neben einem Rosenstrauch und redete vor sich hin. Sie unterhielt sich mit ihren Rosen. Erreichten ihre Worte oder Gedanken die Seele der Pflanze? Ich fragte sie und sie bemühte sie sich, mir zu erklären, dass auch Pflanzen Lebewesen seien und sich über ein weitverzweigtes Netzwerk verständigten.

Einige Jahre nach diesem Erlebnis mit der ›Rosenflüsterin‹ waren Lulu und ich wieder einmal mit dem Frosch zu Florentine unterwegs. Es war Mitte oder Ende Mai, und die Wiesen, an denen wir vorbeikamen, standen vielfach noch in voller Blüte. Tage oder Wochen zuvor hatte der Wind die Schirmchen mit den Samen von den Pusteblumen des Löwenzahns davongeblasen. Jetzt breitete sich gelb der giftige Hahnenfuß aus. Die Wiesen waren ein gelb gefärbter Teppich, durchsetzt vom weißen Wiesenkümmel, Rotem Klee und dem Herzchen tragenden Zittergras. In meiner Kindheit blühten auf denselben Wiesen noch Margeriten, Arnika, Glockenblumen und der Frauenmantel. Warum waren sie verschwunden: die kleinen Enziane, die wir Schusternagerl nannten, die Ameisenhaufen an den Zaunpfählen, die grünen Eidechsen, die unbeweglich im Sonnenschein lagen? Zu meiner Freude entdeckte ich noch eine Feuchtwiese mit blühenden Trollblumen. Später sah ich die gleiche Pflanze auch im Moorgebiet von Benediktbeuern.

Tante Lulu und ich machten hier Rast. Wir besichtigten die Kirche und kehrten dann im Bräustüberl neben dem Kloster ein. Hans Georg Asam, der Vater der berühmten Gebrüder Asam, und der bedeutende Maler Johann Baptist Zimmermann haben hier in der Barockzeit gewirkt. Das Kloster, 739 gegründet und damit eines der ältesten im bayerischen Voralpenland, hat die Kunst und Kultur des katholischen Bayern mitgeprägt. Dass die historischen Gebäude nach der Säkularisation 1803 als geschlossenes Ensemble erhalten geblieben sind, versetzt mich immer wieder in freudiges Staunen. Zu verdanken ist es unter anderem dem Orden der Salesianer, die 1930 in das verwaiste Kloster eingezogen sind.

Auch auf dieser Fahrt blätterte Tante Lulu wieder in der Geschichte unseres Landes und meinte, Bayerns Vergangenheit lese sich so bunt und vielseitig wie ein spannender Roman. Dabei habe es in Bayern so viel Kontinuität gegeben wie in kaum einem anderen europäischen Staat.

»Letztlich ist dies der Treue der bayrischen Bevölkerung zum Katholizismus und der Dynastie der Wittelsbacher zu verdanken«, sagte Lulu und ergänzte: »Sie haben Bayern geprägt und fast 800 Jahre bis zur Revolution von 1918 regiert. Danach haben sie zwar nicht abgedankt, aber Königreich sind wir trotzdem nicht wieder geworden.« Lulu, die Patriotin, renommierte mit ihrem Wissen: »Übrigens schreibt man das Wort ›Bayern‹ erst seit dem 19. Jahrhundert mit Y. Das haben wir Otto, dem Sohn König Ludwigs I., zu verdanken. Nachdem Griechenland durch die Allianz der Engländer, Franzosen und Russen von türkischer Herrschaft befreit worden war, gründete man den Staat Griechenland und wählte Otto zum König. 1862 jagten ihn die Griechen davon. Uns ist das griechische Ypsilon zum Andenken an die glücklose Zeit dieses Wittelsbachers geblieben, denn bis dahin schrieb man Bayern mit i.«

Tante Lulu und ich wanderten geruhsam durch die weitläufigen Klosteranlagen von Benediktbeuern, und wie so oft redete sie von ihrem längst verwilderten Garten und über Elise, von der sie meinte, sie sei mit zunehmendem Alter etwas merkwürdig geworden.

Lulu selbst wirkte trotz ihres Alters noch sehr jugendlich, nur dass sie häufig über die Vergangenheit sprach.

»Unsere gute Lulu ist geistig noch fit. Schlimm wird's erst, wenn sie mal die Haarbürste in den Kühlschrank legt und die Butter ins Backrohr stellt«, lautete die Prognose meiner Großmutter, die daraufhin – wie so oft - nach ihrem Schlüsselbund suchte.

Tante Lulu hingegen erklärte: »Ich kann mir ja noch immer alles merken, aber Florentine, die vergisst fast alles. Besonders was den Tod ihrer Mutter betrifft.«

»Was willst du damit andeuten?«, fragte ich sie.

»Sie sucht seit Jahren nach einigen Briefen und persönlichen Unterlagen, die ihr ihre Mutter hinterlassen hat. Damit sie nicht in falsche Hände geraten, hat sie sie damals an einem sicheren Ort verwahrt – aber wo? Daran kann sie sich leider nicht mehr erinnern. Florentine lebte lange in London und zog erst nach dem Tod ihrer Mutter ins Rosenhaus. Elise, die langjährige Vertraute und Haushälterin Alexandras, verwaltete in der Zwischenzeit Alexandras Besitz.«

Lulu schreibt in ihren Erinnerungen:

... Fräulein Elise empfing Florentine an der von Rosen überwucherten Gartenpforte. Schwerfällig und kurzatmig trottete Cäsar, ein reinrassiger Mops, hinter ihr her. Er hob sein Bein am Gartentor und schnupperte anschließend intensiv an Fräulein Elises Beinen. Dabei schien er mit seiner sabbernden Hundeschnauze zu dem Ergebnis zu kommen, dass er die Frau im schwarzen Kleid und den dicken Wollstrümpfen, oder vielmehr ihre Witterung nicht mochte. Dieser beißende Geruch, der sich von unten nach oben bis unter ihre Achseln verstärkte, stammte von einer Creme, die sie nach eigener Rezep-

tur herstellte. Elises Behauptung, sie verwende dieses Zaubermittel für die Durchblutung ihrer Haut, damit sie jugendlich fest bleibe, erstickte jede Bemerkung über die Verwendung und den Geruch im Keim…

Meine Großmutter Elfriede, die meist ohne Rücksicht auf Verluste ihre Meinung äußerte, kommentierte den Sachverhalt einmal so: »Verwelkte Rosen werden auch nicht mehr frisch. Verblüht ist verblüht! Und wenn die gute Elise noch so viel Creme auf ihre Haut schmiert.«

Mopsi

REZEPT
MILLIRAHMSTRUDEL S. 62

Cäsar, Mopsi mit Kosenamen, war der mittlerweile vierte Nachfahre jenes Cäsar, den Florentine, die bis zum Tod ihrer Mutter in England gelebt hatte, bei ihrem Umzug nach Bayern mitgebracht hatte. Er ähnelte seinen Mops-Vorgängern, die ihm bereits in die ewigen Jagdgründe vorausgegangen waren. Vergebens bettelte Elise mit Kalbsknochen und Rinderhack um seine Gunst. Zwischen dem alten Fräulein und Mopsi gab es eine gewisse Hassliebe. Man sah sie ihm an, wenn er die Haushälterin mit durchtriebenem Hundeblick fixierte, in dem alle Weisheit seiner Rasse lag. Er sah aus, als wollte er sagen: »Meine Nase ist viel zu empfindlich, um deine Duftmarke von Pfefferminz, Schafgarbe und Kampfer ertragen zu können.« Kam ihm Elise zu nahe und versuchte sein Fell zu kraulen, schob sich ein Knurren zwischen seine Zähne, und der sanfte Mopsi nahm eine furchterregende Drohhaltung an. Er rollte seine schwarzen Knopfaugen, sabberte aus dem verknitterten Maul und legte seinen Kopf in noch mehr Falten als gewöhnlich.

Gelegentlich erklärte Lulu: »Der Hund muss endlich erzogen werden.« Bei diesem energischen Satz legte Mopsi endgültig den Weltschmerz von Jahrhunderten in seinen Hundeblick.

Der verwöhnte Mopsi hatte seine eigene Tageseinteilung. Pünktlich um acht Uhr morgens erschien er bei Elise in der Küche zum Frühstück. Wenn es ums Fressen ging, kannte er kein Misstrauen. Um zehn Uhr bellte er den Postboten an, und mittags legte er sich auf die Zeitung, die Florentine lesen wollte, und hielt ein Schläfchen. Danach bequemte er sich zu einem Rundgang durch den Garten. Zuletzt tat er es den ordinären Straßenkötern gleich und hockte sich in die Mitte des liebevoll gepflegten Rasens. Dort fabrizierte er sein Geschäft, einen mächtigen stinkenden Haufen, was Fräulein Elise mit dem entsetzten Ausruf quittierte: »Dieser Köter! In den eigenen Garten scheißt man nicht!«

Das Haus, in dem Florentine nun schon seit Langem gemeinsam mit Elise lebte, stammte aus der ersten Hälfte des 19. Jahrhunderts. Es duckte sich in die hügelige Voralpenlandschaft, in der Nachbarschaft lagen,

Millirahmstrudel

*10 Eier, 150 g Zucker, 1 EL Vanillepuddingpulver, 1 kg halbfetter Quark,
2 Teile (à 275 g) Blätterteig (aus dem Kühlregal), 1 Becher (200 g) Sahne, 80 g Butter*

*Eier mit dem Zucker ca. 10 Minuten in der Küchenmaschine schlagen.
Vanillepuddingpulver mit dem Quark verrühren und unterheben.
Den Backofen auf 180 °C Umluft vorheizen. Ein tiefes Backblech mit Mehl bestäuben
und zwei Teile Blätterteig auf dem Blech dünn ausrollen. Masse jeweils von der Mitte aus
auf beide Teigteile verteilen. Ränder wie bei einem Paket rechts und links einschlagen,
Mittelteile darüberschlagen und leicht rollen. Ca. 20 Minuten backen, dann mit Sahne
und zerlassener Butter übergießen und nochmals ca. 20 Minuten weiterbacken.*

allerdings in respektvollem Abstand, einige Villen. An ihnen vorbei führte der Weg ins Dorf, zur Kirche und zum Friedhof. Ein gutes Stück entfernt gab es einige verstreute Bauernhöfe. Mit dem grünen Gitterwerk des Spaliers, an dem die Kletterrosen und eine Glyzinie bis zum Dach hinaufrankten, erinnerte das Biedermeierhaus ein wenig an Goethes Gartenhaus in Weimar. Auch die Gartenanlage entsprach dem Stil der Epoche. Gewürzkräuter, Salbei, Melisse und Thymian in Gemeinschaft mit Pfefferminze, Oregano und Rosmarin, begrenzten die Beete.

»Und die Schnecken?«, erkundigte sich manch begeisterter Besucher. »Sie flüchten vor hellen Tönen, reagieren empfindlich auf Schwingungen.«

Damit war mir klar, weshalb Florentine immer wieder auf Kochtöpfen trommelnd durch den Garten wanderte. Denn anfangs hatte ich angenommen, die Baronin bewege sich mit Räucherfass und Klangschalen bewaffnet durchs Grün, um die Rosen vor dem Einfluss böser Geister zu schützen. Oder wollte sie verspielten Kobolden den Spaß verderben, in Vollmondnächten durchs Haus zu poltern und den Duft von weißen Nelken und Zimt zu verbreiteten?

Aber Spukgeschichten gehörten nicht zum Themenkreis der Seminare, die Florentine hielt. In Zusammenarbeit mit dem örtlichen Gartenbauverein und dessen Vorsitzenden, Hans-Hugo Vogelsang, hatte sie ein breites Programm erarbeitet. Unter anderem referierten sie über Giftpflanzen im Garten.

Diese Gartenseminare waren für Florentine und Lulu eine willkommene Abwechslung in der Eintönigkeit des Alltags. An diesen Tagen legten sie erkennbar mehr Wert auf ihre Kleidung. Sie schminkten sich dezent und lachten fröhlicher. Auch bekamen sie rote Bäckchen, wenn sie von männlichen Gästen mit Komplimenten bedacht wurden. Mit Franz, dem Gärtner, den die Rosenflüsterin stundenweise beschäftigte, konnte allerdings kein anderer Mann konkurrieren. Sogar Elise stürzte sich, sowie sie ihn entdeckte, mit fadenscheinigen Gründen in den Garten. Umständlich servierte sie ihm dabei mindestens dreimal Kaffee und fragte nach, mit wie viel Stück Zucker sie ihn verwöhnen dürfe. »Lieber hätte ich ein Stück Ihres wunderbaren Millirahmstrudels*«, bat Franz.

»Sowie ein Mann in Sicht ist, egal wie alt, schnurren Florentine und Lulu wie die Katzen. Fräulein Elise maunzt dazu in süßem Tonfall«, mischte sich Großmutter Elfriede in unser launiges Gespräch im Familienkreis, als es wieder einmal um dieses Thema ging. »Vergesst nicht, alte Scheunen brennen heiß!« Darauf warf mein Vater ein: »Fragt sich nur, wer sich dann zu löschen traut.«

Die Kriminalkommissarin

Waren Lulu und ich einige Tage bei Florentine zu Gast, trafen wir uns bei schönem Wetter gewöhnlich gegen Abend im Garten. Es zog uns auf die blaue Bank unter einem der knorrigen Apfelbäume. Dieser Garten, in dem es summte und zwitscherte, der erfüllt war vom Duft der Blumen und Pflanzen, verwandelte sich bei beginnender Dämmerung, im Wechselspiel von Licht und Schatten, in ein verwunschenes Feen- und Märchenreich. Stand dann der Vollmond über dieser verträumten Gartenwelt, so glaubte ich zu fühlen, wie die Pflanzengeister und Elfen mehr und mehr von ihm Besitz ergriffen.

Doch es gab auch eine durchaus nützliche Seite dieser scheinbaren Märchenwelt. Durch eine Wildrosenhecke getrennt, versteckten sich im hinteren Teil die Kräuter- und Gemüsebeete. Hier war Elises Reich. Am Zaun wucherte der Blaue Eisenhut.

»Ich kann nicht begreifen, dass Florentine dies duldet«, eiferte sich Lulu regelmäßig. »Diese giftige Pflanze! Allein schon der Kinder wegen müsste es verboten werden, dass sie in privaten Gärten wächst!«

Am Ende des Gartens verbarg sich ein vom Knöterich überwucherter baufälliger Geräteschuppen. Manchmal ringelte sich feiner Rauch aus dem windschiefen Kamin über dem Dach. Jemand hatte Feuer gemacht.

»Kocht Elise dort ihre Kräuterbrühen? Rührt sie Schönheitscremes und Heilsalben an, oder macht sie womöglich Versuche mit dem Gift des Eisenhuts?« Lulu konnte es nicht lassen: »Allein der Gedanke, wir könnten einen von ihr zubereiteten Tee trinken und danach ins Jenseits segeln, ist mir unheimlich.«

Ungeachtet dieser düsteren Befürchtungen mochte ich Elises ›Gute-Laune-Tee‹ und auch den ›Schlaf gut‹-Trank; bis Lulus Belehrung kam: »Es muss ein schrecklicher Tod sein, denn dieses Gift bewirkt Herzrhythmusstörungen und Krämpfe bis zur Lähmung des Nervensystems.« Das hörte sich grauenvoll an. Nachts bekam ich Alpträume, glaubte mich in die Zeit vor Christus versetzt. Der Eisenhut, auch Pflanzenarsen genannt, spielte damals eine große Rolle. Mord war damit kein Problem, und in der Kriegstechnik tränkte man die Pfeilspitzen mit seinem Gift.

»Hör mit diesem dummen Gerede auf und lass endlich Elise in Ruhe. Die vergiftet höchstens sich selbst«, wies Florentine Tante Lulu eines Abends scharf zurecht. Wir saßen auch damals wieder im Garten auf der blauen Bank unter dem Apfelbaum.

Doch einer der vielen Sommerabende, die Lulu, Florentine und ich im Garten verbrachten, später kam auch noch Elise dazu, endete mit einem schrecklichen Eklat. Ein dumpfer Misston zerstörte unsere heitere Harmonie, und selbst der Wein schmeckte danach sauer.

Meine Großmutter orakelte später: »Glaubt mir, hinter dieser ganzen Gifttragödie steckt eine völlig andere Geschichte, die wir alle nicht kennen«.

Tante Lulu hatte an jenem Abend Elise plötzlich mit starrem Blick fixiert. Sekunden später konfrontierte sie die alte Frau mit knallharten Anschuldigungen. Ein Kommissar in einem billigen Fernsehkrimi, der unbedingt seinen ersten Fall lösen will, hätte nicht schärfer sein können. Lulus Anschuldigungen gipfelten darin, dass sie Elise anschrie: »Jetzt gesteh es endlich! Du hast Florentines Mutter auf dem Gewissen! Du hast ihr damals vergifteten Tee serviert und dann die wertvollen Ohrringe gestohlen!«

Anfangs schwieg Elise bei diesen Worten. Dann aber kreischte sie: »Frau Lulu Huber, Sie sind betrunken. Sie wissen nichts, und ich sag nichts!« Sichtlich erregt begann Elise zu zittern, schluchzend stotterte sie: »Ich ... ich ... ich, der Brief, ich ..., sie hat mir alles genommen.«

Nach diesem unzusammenhängenden Satz schlich sie wie ein verletztes Tier zum Haus davon. Tante Lulu war sichtlich zu weit gegangen. Doch bevor Florentine und ich begreifen konnten, was geschehen war, wurde Lulu plötzlich kreideweiß wie ein Gespenst. Sie japste nach Luft, hauchte »Ich habe Elises Tee getrunken« und kippte von der blauen Bank ins Gras.

Ich sprang auf, beugte mich über sie. »Lulu stirbt«, schrie ich entsetzt. Florentine aber warf lediglich einen kühlen Blick auf die am Boden liegende Gestalt und erklärte lieblos: »Trotz meiner Freundschaft zu ihr: Diesmal ist sie zu weit gegangen. Und sie stirbt auch nicht. Die ist lediglich betrunken!« Ohne sich weiter um die stöhnende Lulu zu kümmern, drehte Florentine sich um und folgte Elise ins Haus. Das Band zwischen den beiden Freundinnen hatte einen Riss bekommen.

Der Notarzt, der eiligst gerufen wurde, stellte bei der Tante eine kleine Kreislaufschwäche fest. »Dieses verrückte Huhn«, war der lapidare Kommentar meines Vaters.

Lulu hatte den Tag über aus Diätgründen nichts gegessen. Laut der neuesten Hollywood-Kur sollte man auf diese Weise schnell einige Pfunde verlieren. Abends hatte sie dann einige kräftige Schlucke aus der Cognacflasche in der Küche genommen und später reichlich Wein getrunken.

Elise war nach diesem Vorfall für einige Tage verschwunden. Florentine vermutete, sie sei nach Wien gefahren, wo sie noch Verwandte hatte. Danach kam Elise wieder und tat so, als sei nichts gewesen. Nur mit Lulu sprach sie kaum noch ein Wort. Lulus Entschuldigung nahm sie nicht an, ebenso wenig die riesige Packung Pralinen, die meine Tante ihr geben wollte. Von da ab verließ Elise entgegen ihren früheren Gewohnheiten des Öfteren gegen Abend das Haus, bepackt mit einer großen schwarzen Tasche. Erst spät nachts kam sie zurück. In jenem Sommer hat Florentine die Tante nicht mehr eingeladen. Erst im Herbst, nach vielen Entschuldigungen von Lulu, wuchs Gras über die Angelegenheit.

Hans-Hugo Vogelsang

Rezept
Mousse au Chocolat · S. 69

An den schmalen Pfaden, die durch Florentines Rosenreich führten, wiesen dezente Wegweiser die Besuchergruppen der wöchentlichen Seminare zur improvisierten Boutique ins Gartenhaus. Hier empfing Fräulein Elise die Kunden. Rosenwasser mit dem Duft der Damaszener Rosen, von Elise hergestellte Seifen, Ringelblumensalbe und Elises Durchblutungs-Creme, inzwischen allseits bekannt, lockten zum Kauf. Gelegentlich steuerte Lulu ihre unvergleichlich köstliche Mousse au Chocolat*, liebevoll in Gläser gefüllt, für den Verkauf bei. Um diese Schokoladencreme lieferten sich die beiden Damen an manchen Abenden heftige Wortgefechte.

Erstaunlich, wie man es fertigbrachte, sich einen Abend lang über die Verarbeitung von Marzipan, Mandeln oder Schokolade zu unterhalten. Lulu behauptete, sie besitze das Originalrezept für die französische Variante der allseits bekannten Schokoladencreme: »Ich habe es geerbt, überliefert aus der Zeit König Ludwigs XIV.!«

Ich wusste, jetzt würde die Tante wieder die hinlänglich bekannte Geschichte der schönen Sibylla Gräfin d'Eu de Perthes erzählen, eine der vielen Ahnfrauen aus ihrem aufpolierten Stammbaum. Daher unterbrach ich sie dezent und bat um das Rezept der feinen Creme.

»Zu viel Süßes verdirbt den Magen«, meinte Florentine schließlich und warf einen leicht strafenden Blick auf ihre Freundin. Sie stand vom Tisch auf, an dem wir uns zu einem kleinen Abendessen zusammengefunden hatten, und erklärte: »Hiermit hebe ich die Tafel auf!«

Ich musste lächeln, weil Florentine diesen altmodischen Ausdruck wählte. Er stammt aus dem Mittelalter, wie ich bei einer Führung auf der Burg Prunn im Altmühltal erfuhr. Denn damals wurde die Tafel nach einem festlichen Schmaus von den Dienern tatsächlich aufgehoben und aus dem Saal hinausgetragen. Nicht der ganze Tisch, sondern sozusagen die Tischplatte, denn die war damals noch nicht fest auf einem Untergestell montiert, sondern wurde auf Böcke gestellt. So konnte man sie sich mitsamt allen darauf stehenden Gerätschaften wegtragen.

Mousse au Chocolat

*170 g Zartbitterschokolade (keine Blockschokolade), 2 Eier, getrennt,
½ Tasse Sahne, 2 EL Rum, 40 g Puderzucker*

Die Schokolade über dem Wasserbad schmelzen. Eigelbe, Sahne und Rum zugeben und über Dampf steif aufschlagen, vom Herd nehmen und den mit dem Puderzucker steif geschlagenen Eischnee unterheben. Die Masse in Gläser füllen, bis zum Servieren kalt stellen.

Später saßen wir wie gewohnt auf der blauen Bank unter dem Apfelbaum. Die frische Abendluft hatte die Hitze des Tages verscheucht. In der Luft lag ein Duft von feuchtem Gras und frischer Erde. Ein leichter Wind huschte mit einem Hauch von Heu und Tannenwald durch die Blätter des Flieders. Irgendwo im Geäst des Jasmins tschilpten aufgeregte Spatzen. Florentine machte ihren Verehrer Hans-Hugo Vogelsang, der ebenfalls zu unserer Runde gestoßen war, auf einige Besonderheiten ihrer Rosen aufmerksam.

»Einige dieser kräftigen Rosenstöcke hier sind über fünfzig Jahre alt, sie waren schon da, als meine Mutter mit ihrem Lebensgefährten Fürst Nikolai den Garten neu anlegen ließ«, sagte sie und warf ihm einen charmanten Blick zu. Vogelsang nahm kurz seine Brille ab, erwiderte ihren Blick und ließ ihn dann kurz und wohlwollend über ihre Figur und den sanft gerundeten Apfelbusen gleiten, der in ihrem Dirndlgewand fest eingeknöpft war. Dann sah er seiner Gesprächspartnerin wieder ins Gesicht und fragte zögernd: »Ihre Frau Mutter war Opernsängerin? Man flüstert im Dorf allerlei. Es gibt, obwohl alles schon so lange her ist, immer noch Gerüchte, dass es bei ihrem Tod nicht mit rechten Dingen zugegangen sein soll und dass danach wertvolle Ohrringe gestohlen wurden.«

»Alte Geschichten«, knurrte Florentine. »Die Leute reden viel, wenn der Tag lang ist.« Ihre Stimme klang spröde und ihre Reaktion war knapp.

»Verzeihen Sie, verehrte Baronin, ich wollte Ihnen nicht zu nahe treten«, entschuldigte sich Vogelsang. »Ihre gärtnerische Kunst...«, gab er nun dem Gespräch eine andere Richtung und strahlte Florentine an. »Voll erblühte Rosen sind für mich kostbarer, als es je eine junge Knospe sein könnte.« Er sah ihr tief in die Augen – und Florentine lächelte geschmeichelt.

James' Geschichte

Rezept
Weinschaumcreme Chadeau · S. 78

Gern unternahm ich mit Julchen, meiner kleinen Dackelhündin, ausgedehnte Morgenspaziergänge rund um den Taubenberg oder die Mangfall flussabwärts nach Weyarn oder zur Maxlmühle. Diese Leidenschaft hatte ich wohl von Tante Lulu übernommen. Auf dem Rückweg besuchte ich sie hin und wieder zum Frühstück. Sie hatte sich eine elektrische Schreibmaschine gekauft und träumte trotz ihres Alters davon, eine erfolgreiche Autorin zu werden.

»Florentine schreibt über Rosen, wieso soll ich nicht ein wenig aus dem Schatz meiner Lebenserfahrungen plaudern und Geschichten schreiben?«, sagte sie bei einem meiner Besuche.

Ich warf nebenbei heimlich einen Blick auf den Text, an dem sie gerade arbeitete, und begann zu lesen.

Efeu kletterte an der Schuppenwand zum Licht, und im morschen, mit Erde gefüllten Regenfass wucherte die Kapuzinerkresse. Der Blaue Eisenhut, der im Schatten am Zaun blühte, wuchs abseits.

Fräulein Elise trug Gartenhandschuhe. Vorsichtig zupfte sie einige Blüten und Blätter dieser hochgiftigen Pflanze ab und legte sie behutsam in einen Korb. Vor längerer Zeit hatte sie, ohne dass es jemanden aufgefallen wäre, einen winzigen Eisenofen in den Schuppen transportiert. Die Herdfläche genügte, um in einem Topf die Wurzeln dieser Teufelspflanze auszukochen. Von ihrer Großmutter hatte sie gelernt, giftige und ungiftige Pflanzen zu unterscheiden und beide für Heilzwecke zu verwenden. Nun war sie dabei, Versuche mit diesem Gift zu machen, das sie für ihren teuflischen Plan brauchte.

Mir wurde in diesem Augenblick bewusst, wie wenig ich von Elise wusste und darüber, was für ein Mensch sie eigentlich war. Aus gewissen Bemerkungen, die ich bei verschiedenen Anlässen von ihr gehört hatte, versuchte ich mir die wichtigsten Stationen ihres Lebens zusammenzureimen: Ein langes Leben in Gesellschaft von Florentine, nachdem sie in Wien auf die Sängerin Alexandra und deren Geliebten, Fürst Nikolai, gestoßen und auf diese Weise nach Bayern, ins Rosenhaus gekommen war.

Mir wurde aber auch klar, wie sehr der mysteriöse Tod Alexandras die Fantasie von Lulu beschäftigte. Steckte tatsächlich eine Schriftstellerin in ihr und war das der Grund, warum sie das Rätsel um Alexandra einfach nicht losließ?

Ein anderes Mal – es war eine der vielen milden Sommerabende, die wir im Garten von Florentine verbrachten – erzählte Lulu die Geschichte ihres englischen Freundes James. Hans-Hugo Vogelsang hatte sich wieder einmal über sein Lieblingsthema ›Rosen‹ verbreitet und schwärmte von der ›Charlotte‹ und der ›Charles Darwin‹, gelbe englische Rosen, die auch das rauen bayerischen Klima überstehen können.

»Gelbe Rosen, die haben meiner Freundin einmal sehr viel bedeutet«, nahm Florentine den Faden auf. Sie wandte sich an Lulu: »Erinnerst du dich noch an deinen ersten Besuch bei mir in London und an James? Damals warst du noch nicht verheiratet!«

»Natürlich, wie könnte ich ihn jemals vergessen! Ich habe heute noch Kontakt mit ihm. Später hat er mir sogar eine kleine Rolle bei einer Fernsehaufzeichnung verschafft.«

Das Haus in einer der schönsten Gegenden von Cornwall, direkt an der Küste auf einem Felsvorsprung im Schutz der Klippen, gehörte James. Nach Südwesten bot es einen weiten Blick über das Meer, landseitig lehnte es an einem sanft ansteigenden Hügel. Etwas weiter oben auf der Anhöhe stand eine kleine romanische Kirche, die Hochzeitskirche, wie die Leute sie sicher immer noch nennen. Blickte man von dort oben hinunter zu James' Haus, so lag es fast vollständig hinter einer Steinmauer versteckt, die einen breiten Vorplatz begrenzte. Etwas unterhalb der Kirche, gut 200 Meter vom Haus entfernt, teilte sich eine schmale Straße. Ein verwittertes Holzschild wies rechts zur Badebucht und links zum Heim von James. Manche Autofahrer übersahen diesen Wegweiser und bogen falsch ab. Dann landeten sie auf der abschüssigen, vom Regen ausgewaschenen Straße genau neben der Steinmauer und vor einem Felsvorsprung, in dem ein breiter Spalt klaffte. Tief unten brodelte und zischte das Meer. Bei einem Wendemanöver wäre man unweigerlich mit dem Auto in diesen Spalt gerutscht. Ebenso gefährlich war es, die ausgewaschene Straße rückwärts wieder nach oben zu fahren.

Deshalb läuteten die verzweifelten Pechvögel häufig an der Glocke, die neben dem Tor in der Steinmauer angebracht war, und baten um Hilfe.

So wurde James, der allein lebte, des Öfteren in seinen Gedankengängen gestört. Im Laufe der Jahre leicht skurril und schrullig geworden, betrachtete der Junggeselle den schrillen Ton der Glocke als angenehme Unterbrechung der Langeweile. Es war sicher kein Zufall, dass er die regelmäßigen Aufforderungen der Gemeinde, oben an der Abzweigung ein Warnschild anzubringen, ignorierte. Seine ›Hilfsbereitschaft‹ vermittelte ihm ein Gefühl von Wichtigkeit, und dieses Gefühl tat ihm gut.

Doch war er nicht sofort bereit, das Tor zu öffnen, damit der Vorplatz vor seinem Haus zum Wenden benutzt werden konnte. Er knüpfte das an gewisse Bedingungen.

Gegenüber der Mauer führte ein schmaler Steig nach oben zur Kirche. Dort hinauf mussten ihm seine Bittsteller folgen und mit ihm auf seinem Lieblingsplatz, einer verwitterten Holzbank, einen Whisky trinken und sich eine seiner Geschichten anhören. Es waren gruselige Geistergeschichten. Manchmal bat ihn jemand, die Geschichten aufzuschreiben, doch dazu war er zu faul.

James war durch eine größere Erbschaft aller materieller Sorgen enthoben. So war er in den Schlendrian der Bequemlichkeit und der Freude am Nichtstun geschlittert. Sein Lebensplan – er wollte Schauspieler werden – hatte sich verflüchtigt. Er ließ sich treiben. Seinen Freunden vermittelte er den Eindruck, dass er zufrieden war. Dabei verschwieg er, dass es wiederkehrende Krisen in seinem Leben gab. Entweder sehnte er sich dann nach einem sexuellen Abenteuer, oder er gab dem Bedürfnis nach, sich sinnlos zu betrinken.

Eines Abends, als er für seine Freunde kocht, erklärte er umständlich seine neue Idee: Er plane einen Flaschenzug. Mithilfe dieser Technik müsse es möglich sein, die Autos rückwärts wieder nach oben bis zur Abzweigung zu ziehen. Seine Freunde amüsierten sich darüber und hielten dagegen, wie viel billiger ein Eimer Farbe sei. Damit könne er ein neues Schild mit der Warnung ›Vorsicht, Sackgasse!‹ beschriften.

Deshalb fuhr James wenige Tage später in die nächste Kleinstadt und erstand Farbe samt Pinsel. Üblicherweise wurde in diesem Landstrich alles weiß oder blau gestrichen. Die Leuchtfarbe in Pink gab es im Sonderangebot.

James liebte Pink. Aus diesem Grund war auch seine Bettwäsche kräftig rosa und passte farblich exakt zu den Handtüchern im Bad und dem Teppich in seinem Schlafzimmer. Hier träumte er von der Zweisamkeit mit einem jungen Mädchen, mit dem er gemeinsam in den tiefrosa leuchtenden Himmel träumen wollte, wenn die Sonne über dem Meer aufging.

Doch wenn dann so ein junges Mädchen vor ihm stand und um Hilfe bat, wurde ihm jedes Mal schnell klar: Er war zu alt und es war unwahrscheinlich, dass sich das Mädchen ihm hingeben würde. Nach dieser enttäuschenden Erkenntnis wählte er eine Zeitlang nur noch graue Bettwäsche, bis seine Begierde erneut aufflammte.

Nach der Begegnung mit einer hübschen Blondine, die ihn mit den Worten ›Opa, lass das Fummeln‹ brutal hatte abfahren lassen, schleppte er endlich den Eimer mit Leuchtfarbe nach oben zur Abzweigung. Er hatte viel zu viel Farbe gekauft. James überlegte: Was konnte er damit noch anstreichen?

Sein Blick fiel auf die verwitterte Bank oben bei der Kirche. Ganz in Pink würde sie sicher chic aussehen. Der letzte Farbrest reichte auch noch für ein Schild: ›Vorsicht, frisch gestrichen, Farbe klebt!‹

Es kam, wie es kommen musste: Wenige Tage später entdeckte er zwei breite dunkle Flecken auf der Sitzbank. Auch war sein Schild von einem anderen ersetzt worden. Jetzt konnte man lesen:

Wanderer, gib Acht,
wer hier Pause macht,
bleibt an der Bank fast kleben.
So ist das eben.

Später im selben Jahr wurde die Straße oben an der Abzweigung durch ein Unwetter weggespült. Lange Zeit musste er mühsam zu Fuß bis zur Gabelung stapfen. James blieb es von da ab aber auch erspart, das Tor zu öffnen. Niemand begleitete ihn mehr hinauf zur Bank, keiner lauschte mehr seinen Geschichten oder trank einen Whisky mit ihm. Nun war sein Leben noch eintöniger geworden. Doch er unternahm nichts dagegen.

Es vergingen einige Jahre. Die Bank war längst vom Regen abgewaschen und zeigte nur noch eine rosa Patina. Doch sie wurde gern von verliebten Paaren aufgesucht. Wieder war ein neues Schild angebracht worden. Jetzt konnte man dort lesen:

Wer verliebt sich wird zur Bank begeben,
der bleibt bei seiner Liebsten kleben.
Und wer nicht eiligst läuft von hinnen,
der sieht die Kirche dann von innen.

Dieser lapidare Spruch erregte die Aufmerksamkeit eines Filmteams, das eine Dokumentation über den Küstenstreifen drehte. Sie wählten die Bank mit ihren rosa Farbresten und der Kirche im Hintergrund als einen ihrer Drehorte.

Dabei lernte James den Regisseur kennen. Nach einem lockeren Gespräch trank dieser mit ihm auf der Bank einen Whisky, begleitete seinen Gesprächspartner in dessen Haus auf der Klippe und hörte sich verschiedene Gespenstergeschichten an.

Wenig später schrieb James sein erstes Drehbuch für eine Fernsehserie. Das Leben packte ihn am Schopf, vorbei war seine behäbige Langeweile. Er machte Karriere, wurde sogar berühmt! Eine Sekretärin erledigte seine Fanpost und verbot ihm den Whisky.

Jetzt musste er nicht mehr sehnsüchtig warten, bis ein junges Mädchen mit ihrem Auto vor der Steinmauer feststeckte und bei ihm klingelte. Jetzt kamen sie freiwillig und läuteten die Glocke. Um mit seiner Hilfe und Protektion fürs Fernsehen entdeckt zu werden, wären sie wohl auch bereit gewesen, mit ihm in die pinkrosa Bettwäsche zu kriechen.

Doch dazu hatte James keine Lust mehr. Inzwischen flüchtete er sogar aus seinem Haus, um dem Trubel um seine Person zu entgehen. In einem kleinen Ort, der nicht allzu weit entfernt lag, gönnte er sich im kleinen Café am Hafen gern eine Ruhepause. Hier trank er seinen Espresso und sah den Möwen zu.

Sie trug ein gelbes Kleid, und ihr Haar glänzte golden in der Sonne. Sie fragte, ob noch ein Platz an seinem Tisch frei sei. Und sie wusste nicht, wer er war.

Sie war nicht mehr jung, und sie erzählte ihm, dass sie die Farbe Pink hasse. James konnte lange Gespräche mit ihr führen und mit ihr über all seine Ängste und Wünsche reden.

Pinkfarbene Bettwäsche, pinkfarbene Bank? Was war es nur gewesen, dass er sich so sehr an dieser Farbe berauscht hatte? Er konnte sich nicht mehr daran erinnern. Jetzt entdeckte er goldgelbe Sonnenuntergänge über dem Meer und trocknete sich nach dem Duschen mit gelben Handtüchern ab. Gemeinsam züchteten sie gelbe Rosen. In das Haus über dem Meer kam er nur noch selten, aber dann stieg er mit ihr den Hügel hinauf. Gemeinsam saßen sie auf der inzwischen wieder grau gewordenen Bank. Sie beobachteten die Vögel, wie sie sich durch die Aufwinde über das Meer hinaustragen ließen, um in die Weiten des Himmels davonzusegeln. Und James war glücklich.«

Damit beendete Lulu ihre Geschichte. Der Tau lag in den Grashalmen, und die ersten Vögel begannen in der Morgendämmerung leise zu zwitschern. Lulu gähnte verhalten und meinte, nun sei es wohl Zeit, endlich schlafen zu gehen. Vogelsang war schon lang weggedämmert und schnarchte zusammengesunken im Gartenstuhl leise vor sich hin. Doch bevor wir ins Haus zurückkehrten, zog die Tante ihr kleines Notizbuch aus der Tasche, blätterte darin und meinte. »Ach, morgen kommen sind ja schon wieder Gäste da. Denen serviere ich eine Weinschaumcreme Chadeau*. Aber jetzt muss ich meinen Schönheitsschlaf machen. Sonst schaffe ich das morgen nicht. Euch danke ich herzlich fürs Zuhören. Was ist das für ein Geschenk, diese wunderbare Sommernacht. Eine Nacht der Liebe, der Poesie und Träume.«

Ich hatte die Geschichte von James völlig anders in Erinnerung gehabt. Aber in dieser Nacht begann ich zu glauben, dass meine Tante tatsächlich Talent zur Schriftstellerei hatte.

Weinschaumcreme Chadeau

3 Eier (2 getrennt), 200 g Zucker, 250 ml Weißwein, 1 Kaffeelöffel Mehl, Schale und Saft einer unbehandelten Zitrone, 1 Schuss Cointreau

1 ganzes Ei mit 2 Eigelben und dem Zucker schaumig rühren. Wein, Mehl sowie Zitronenschale und -saft zugeben. Im Wasserbad 10–15 Minuten schaumig schlagen. Wenn die Mischung etwas abgekühlt ist, das übrige Eiweiß schaumig schlagen und den Schnee unter die Eigelbmasse heben.

Ein Unglück kommt selten allein

Rezept
Himbeercreme · S. 81

Vor uns lagen herrliche Urlaubstage. Elise und Lulu hatten eine Art Waffenstillstand geschlossen. Die Tante schien die ›Giftsache Mord‹ endlich ad acta gelegt zu haben. Es gab neue Themen in ihrem Leben, mit denen sie sich beschäftigte. Lulu und ich machten Pläne, was wir noch unternehmen wollten. Wir schoben unsere Heimfahrt von Tag zu Tag auf. So wurden wir Zeugen einer großen Aufregung.

Florentine erwartete Gäste und litt an diesem Tag unter Kopfweh. Außerdem war Mopsi, der Hund, verschwunden, und sie suchte verzweifelt nach einem ihrer Lieblingspantoffeln, mit denen sie morgens meist herumlatschte. Bekleidet mit ihrem Morgenrock, war sie noch in der Dämmerung aus ihrem Schlafzimmer die Treppe hinuntergestolpert. Dabei hatte sie einen der Pantoffeln verloren und konnte ihn trotz gründlicher Suche nicht wiederfinden.

Am liebsten hätte sie sich in ihrem Wohnzimmer verkrochen, um mit niemanden mehr zu reden. Doch dafür war der Tag zu schön, und vor allem musste sie sich um das Dessert kümmern, eine besondere Himbeercreme*.

»Ein Unglück kommt selten allein«, kündigte Fräulein Elise beim Frühstück an. Ungeachtet des wolkenlosen blauen Himmels prophezeite sie nicht nur ein Gewitter, sondern auch Unheil für diesen Freitag, den Dreizehnten. Der verschwundene Hund und Florentines Pantoffel zählten für Elise zum ersten Unglück. Das zweite ließ dann auch nicht mehr lange auf sich warten.

Lulu und ich planten nach dem Frühstück einen kurzen Ausflug an den Starnberger See und zur Roseninsel. Sie gehörte einst zu den Lieblingsorten von König Ludwig II. Sein Vater Max II. hatte 1850 das verwilderte Kleinod gekauft. Peter Joseph Lenné, der bedeutende Gartenarchitekt des 19. Jahrhunderts, gestaltete daraus einen kleinen, verzauberten Landschaftspark.

Mit der Anpflanzung von über 4000 Rosen schuf er einen paradiesischen Märchengarten. Auch Maximilians Sohn, Ludwig II., schätzte den Zauber der Insel. Hier traf er sich gerne mit seiner Cousine Sisi, wenn sich die Kaiserin von Österreich in Possenhofen bei ihren Eltern aufhielt. ›Adler‹ und ›Möwe‹, wie sie sich die beiden Seelenverwandten nannten, tauschten kurze Nachrichten und Briefe aus und hinterlegten sie füreinander in dem kleinen Schreibtisch im Casino, das im Stil einer pompejanische Villa erbaut war.

Bevor wir uns endlich auf den Weg machen konnten, beorderte uns Florentine zum Gartenzaun und bat uns, Himbeeren zu pflücken. Danach war es für den Ausflug zu spät, und wir beteiligten uns an der vergeblichen Suche nach Hund und Pantoffel.

Wenig später beobachtete ich Florentine, wie sie in der Küche mit

Schüsseln und Töpfen herumhantierte. Sie war mit der Vorbereitung ihrer geplanten Abendeinladung beschäftigt. Ich nahm an, dass ihr Elise bei der Nachspeise helfen würde. Aber die Haushälterin, schlecht gelaunt, überhörte Florentines Bitte, sie möge sich endlich bequemen und sich um die Nachspeise kümmern. Elise, die so vieles, was nicht für sie bestimmt war, mit den Ohren eines Luchses erlauschte, stellte sich taub, wenn sie keine Lust hatte.

Ärgerlich versuchte Florentine deshalb, eigenhändig die Himbeeren zu passieren. Dabei spritzte Saft auf ihre duftige weiße Seidenbluse und hinterließ einen tiefroten Fleck. Das war das weitere Unglück.

Elise schimpfte laut: »Fruchtsaft bleibt für ewig. Die Blusn kann ma wegschmeißen! Schad ists um des teure Stück. Da möcht sich die Frau Baronin in der Küch lieber einen Schurz vors gute Gwand binden.«

Florentine warf Elise, mit der sie sonst so vertraut war, einen wütenden Blick

Himbeercreme

400 g Himbeeren,
100 g Zucker,
7 Blatt Gelatine rot,
½ Schnapsglas (1 cl) Himbeergeist,
250 ml Sahne

Die Himbeeren zusammen mit dem Zucker pürieren. Einige Himbeeren zur Verzierung beiseitelegen. Die Gelatine zunächst in kaltem Wasser einweichen, dann, wenn man mag, in dem erwärmten Himbeergeist auflösen. Die Sahne schlagen und unter die Himbeermasse heben, mit den ganzen Himbeeren garnieren. Anschließend im Kühlschrank 2–3 Stunden kalt stellen.
Dieses Rezept lässt sich auch mit Erdbeeren herstellen.

zu, wusch sich die Hände und rannte aus der Küche. Hinter ihr fiel die Türe krachend ins Schloss.

Der Hund verschwand öfter. Er zwängte sich durch ein Loch im Zaun des hinteren Gartenteils und verschwand Richtung Dorf. Ebenso wie der Hund kannten auch die Dorfkinder dieses Schlupfloch. Entdeckten sie Lulu im Garten, konnte man sicher sein, dass die kleinen Naschkatzen auftauchten und erwartungsvoll herumstanden.

Zurzeit hatten die Kinder Ferien. Aber keines von ihnen hatte an diesem Vormittag Mopsi gesehen, ebenso wenig wie der ›Mundwerksverein‹, wie Lulu die Damen aus dem nahen Altenheim respektlos titulierte. Der Hund blieb trotz aller Suche verschwunden, auch der Pantoffel wollte nicht wieder auftauchen. Lulu behauptete, sie habe einen merkwürdigen dunklen Schatten im Garten wahrgenommen. Florentine hielt sich die Ohren zu, als ihre Freundin etwas von Hundefängern faselte. Angeblich trieb sich eine Bande aus Osteuropa herum, fing Hunde und verkaufte sie nach China. »Dort zieht man ihnen bei lebendigem Leib das Fell ab und serviert sie gebraten den Touristen.« Wie immer, wenn sie sich in etwas hineingesteigert hatte, war Lulu auch bei diesem Thema kaum zu bremsen und badete geradezu in Fantasien, was mit dem armen Mopsi geschehen sein könnte – ohne Rücksicht auf die Gefühle von Florentine und Elise zu nehmen.

In Elises Blick lag ein merkwürdiger Ausdruck, der mir schon vor Wochen aufgefallen war. Ihre Augen hinter den Gläsern der Nickelbrille glänzten unnatürlich und wirkten größer als sonst. »Jemand hat den Hund vergiftet«, schluchzte sie laut und kämpfte sich mit Florentine suchend durch den Garten. Gemeinsam mit Lulu kontrollierte sie den Schuppen, erfolglos steckten beide Frauen ihren Kopf durch das Loch im Zaun. Ich spürte, dass es Lulu immer noch leidtat, Elise damals mit ihrem schlimmen Verdacht so tief verletzt zu haben. Durch die Beteiligung an der Suche nach dem Hund wollte Lulu wohl alles wiedergutmachen.

Florentines Gartenparadies ließ sich mit einem geheimnisvollen Labyrinth vergleichen. Stufen führten zum Seerosenteich, und an einem der knorrigen Obstbäume, nahe der blauen Bank, streckten sich die Ranken einer Ramblerrose mehr als vier Meter weit in die bemoosten Äste.

Ein kurzer Entsetzensschrei von Elise verriet, dass sie Mopsi entdeckt hatte. Er hatte sich unter einem verholzten, dornigen Strauch zwischen Zweigen und Gestrüpp verkrochen und kauerte zusammengerollt auf dem Boden. Blut tropfte aus seinem Maul.

»Er geht ein, er ist verletzt! Wenn er nicht von einem anderen Hund gebissen worden ist«, schluchzte Elise dramatisch, »ist er vergiftet worden, mein armer Mopsi, mein Hundilein!« Halb kniend, halb liegend zwängte sie sich hektisch durch die Zweige, um den Hund zu fassen. Eine Rosenranke hielt sie fest, löste ihren Haarknödel auf und zerkratzte ihre Arme.

»Wie ihn retten, um ihn schnellstmöglich zum Tierarzt zu bringen?«, überlegte Lulu ebenso aufgeregt wie alle anderen.

»Mopsilein, mein Mopsilein, komm sofort her«, kreischte Florentine und bemühte sich, ebenfalls ins Dickicht zu kriechen. Der Hund reagierte lediglich mit drohendem Knurren, rührte sich aber nicht vom Fleck. Das sonst so sanfte Tier war nicht zu bewegen, aus seinem Versteck zu kriechen.

»Er verblutet«, heulte Elise. – »Mein Liebling, das überlebe ich nicht«, jammerte Florentine.

Ich drehte mich zu Tante Lulu um, der in diesem Moment ein völlig unpassender Satz herausrutschte: »Dieser Köter, man hätte mit ihm in die Hundeschule gehen müssen, dann würde er jetzt auf Kommando herauskommen. So müssen wir hier warten, bis er entweder unter dem Busch verendet oder von selbst wieder herausfindet.«

In diese von Gefühlen aufgeladene Situation platzte mein Vater. Er war auf der Suche nach Florentine gewesen, die er mit einem spontanen Besuch überraschen wollte.

»Das werden wir gleich haben«, erklärte er mit der Sicherheit und Ruhe, wie sie nur ein Mann aufbringen kann. Er bat mich, eine Gartenzwicke zu holen.

Der Busch verlor durch die Schere eine Menge Zweige. Im Dickicht entstand eine Lücke, und erleichtert zerrte Florentine den Hund am Halsband aus seinem Versteck. Zähnefletschend verteidigte er das, was ihm halb aus dem Maul hing und blutrot auf den Boden tropfte. Florentine schrie hysterisch auf: »Gib sofort meinen Pantoffel her.« Nur noch entfernt erinnerte das, was Mopsi davon übriggelassen hatte, an das Meisterwerk eines indischen Schuhmachers. Geblieben war lediglich ein Fragment aus Safranleder, an dem Seidenfäden, Reste der wertvollen Stickerei und einige von schleimigem Sekret überzogene Goldfäden hingen. Mit der roten Farbe, die jetzt aus Mopsis Maul tropfte, war einst das Leder gefärbt worden.

»Nichts ist von ewiger Dauer, was ist schon ein Pantoffel wert, den du nur aus Eitelkeit getragen hast«, fauchte Tante Lulu ihre Freundin ärgerlich an. »Dafür haben wir unseren Ausflug zur Roseninsel geopfert«, grollte sie, bis ihr Humor die Oberhand gewann und sie das Ganze nur noch komisch fand.

Danach beruhigten wir uns alle mit einem Kräuterlikör aus Elises ›Apotheke‹, und Mopsi verzog sich schmollend auf sein Seidenkissen auf dem Sofa im Wohnzimmer.

Die Rose Kolossalis

Rezepte
Schokoladentarte à la Momi · S. 87
Zitronentarte Siciliana · S. 95

Nachdem Florentine ihre Vorbereitungen für die Einladung am Abend erledigt hatte, setzte sie sich im Garten auf ihre geliebte blaue Bank. Jetzt erst erinnerte sie sich daran, dass der Postbote ihr morgens einen Brief in die Hand gedrückt hatte. Achtlos hatte sie ihn in der Hektik des Tages in ihre Rocktasche gesteckt. Handgeschrieben leuchtete die Adresse ›Florentine Baronin von Livland‹ auf edlem Büttenpapier.

Florentine las den Text einmal, dann ein zweites Mal. Eingehend studierte sie die feine Doppelkarte und reichte sie Freundin Lulu und mir, als wir in den Garten kamen.

»Sicher ist das wieder so ein Schwindel oder die übliche Werbemasche«, urteilte Lulu. »Du fällst doch jedes Mal auf derartige Post herein. Hinterher ist man klüger, und vorher wirst du dein Geld los.« Dann schloss sie – etwas unlogisch – die Frage an: »Was wirst du anziehen?«

Die persönliche Einladung zur kirchlichen Trauung mit anschließendem festlichen Empfang anlässlich der Hochzeit von Katharina Prinzessin von Riedenburg lautete tatsächlich auf Florentines Namen.

Wenig später tauchte Elise auf. Neugierig warf sie einen Blick auf die Einladung und gab ihren unpassenden Kommentar dazu ab: »No, trifft sich wieder amal die feine Welt, ohne dass alle so fein sind, wie sie tun. Werd sich die gnädige Baronin recht aufputzen müssen, wenn sie mithalten will.«

Die ersten Gäste, die Florentine zu sich in den Garten gebeten hatte, schlenderten über den Rasen. Inzwischen hatten Lulu und ich den Tisch unter dem Apfelbaum gedeckt und mit Rosen geschmückt. Florentine, aufgeregt wie ein junges Mädchen, konnte es kaum erwarten, die Neuigkeit bei ihren Gästen loszuwerden:

»Die Fürstinmutter und ich«, erzählte sie, wobei sie sich aufgeregt verhaspelte, »waren kurze Zeit zusammen in der freien Wohlfahrt tätig. Wir haben uns dabei angefreundet und uns jedes Jahr zu Weihnachten eine Postkarte geschrieben. Zeitweise habe ich auch auf ihre Tochter aufgepasst Sie ist es, die heiratet.« Auf Florentines Backen bildeten sich, wie

Schokoladentarte à la Momi

*300 g Zartbitterschokolade (in Stücke geschnitten), 150 g Butter,
5 Eier (getrennt), 100 g Zucker, 2 EL Mehl*

*Den Backofen auf 160 °C vorheizen. Eine Springform mit Backpapier auslegen.
Die Schokolade mit der Butter über dem Wasserbad schmelzen. Die Eigelbe mit dem
Zucker verschlagen. Das Mehl darübersieben und das Ganze mit der flüssigen, nicht zu
warmen Schokolade verrühren. Zuletzt das Eiweiß steif schlagen und unterheben.
In die Springform füllen und 30-40 Minuten backen.*

---

immer, wenn sie aufgeregt war, hektische rote Röschen. »Ich gehe hin, auch wenn ich nicht weiß, was ich anziehen soll«, meinte sie entschieden und blickte in die Runde ihrer Gäste, die sich über die Nachspeisen hergemacht hatten. Köstlichkeiten, wie die Schokoladentarte à la Momi* mit Schlagrahm türmten sich auf den Tellern. »Ich sollte mich zurückhalten, aber es schmeckt so gut«, seufzte eine der Damen und häufte sich erneut den Teller voll.

»Was zieht die Frau bei einer derartigen Gelegenheit an? Ich bin schon lange nicht mehr zu einer solchen Festlichkeit eingeladen worden«, überlegte Tante Lulu mit schiefen Blick auf Florentine. »Ja, wenn mein guter Eduard noch leben würde, dann wären wir pausenlos eingeladen, aber so... Ich als Witwe, da kräht kein Hahn mehr nach mir!«

»Aber, Florentine! Sei dankbar, dass du in Bayern lebst. In Indien wärst du mit deinem Göttergatten gleich mitverbrannt worden«, scherzte Florentine und eilte davon.

Im Gänsemarsch und schnatternd folgten ihr alle weiblichen Gäste ins Haus und bis ins Schlafzimmer. Dort angekommen, öffnete Florentine energisch ihren Kleiderschrank und wedelte den herausquellenden Geruch von alten Sachen, Mottenpulver, Lavendel und Rosenduft durch den Raum. Wahllos riss sie einige Kleidungsstücke vom Bügel und warf sie aufs Bett. »Nichts ist elegant genug«, stellte sie mit Blick auf Hosen und Röcke fest und lief hektisch davon. Sekunden später polterte Florentine die Speichertreppe hinauf und wieder herunter und kam mit einer Hutschachtel und einigen Abendkleidern zurück.

»Gott sei Dank habe ich immer alles aufgehoben«, strahlte sie und startete den hilflosen Versuch, sich in eine Korsage zu zwängen, die sie längst ausgemustert und seit Jahren nicht mehr getragen hatte. »Wie nobel von der Fürstin, mich einzuladen.« Florentine mühte sich vergeblich, die Fülle ihres Busens in einem ihr viel zu engen Kleid unterzubringen.

»Du bist kein junges Mädchen mehr, das Größe 38 tragen könnte«, giftete Lulu.

Florentine drehte sich vor dem Spiegel, hob die Arme, zupfte und zerrte an der feinen Seide. Umständlich wählte sie das nächste Kleidungsstück, zwängte sich in ein längst unmodern gewordenes blaues Seidenkostüm.

Lulu verzog den Mund und stellte kritisch fest: »Damit machst du dich lächerlich! Zieh dieses altmodische Mottending sofort wieder aus. So was haben wir in unseren jungen Jahren getragen. Bei aller Sparsamkeit, das kannst du nun wirklich nicht mehr anziehen.«

Hilflos griff Florentine nach einer silberglänzenden Robe und seufzte: »Lulu, Du hast ja sooo recht. Egal, was ich probiere, ich sehe aus, als hätte ich die Sachen auf dem Flohmarkt erstanden, dabei waren sie alle mal sehr teuer.«

»Wir sind eben keine jungen Häschen mehr und beide im Laufe der Jahre ein klein wenig fülliger geworden«, meinte Lulu freundschaftlich und fingerte an einer Spitzenstola herum, die noch aus den Zeiten der Bühnenerfolge von Florentines Mutter stammte.

»Schuld sind deine Cremespeisen und Schokoladensünden.«

»Na, Rettungsringe um den Bauch haben wir beide noch nicht.«

Die Freundinnen plänkelten hin und her und sortierten nebenbei die Kleider.

»Tröste dich, Rubens liebte üppige Frauenfiguren.«

»Ich habe ein Kilo abgenommen, das mach mir erst einmal nach«, sagte Lulu und schlug vor: »Du könntest zu diesem Anlass die wertvollen Ohrringe deiner Mutter tragen – wenn man nur wüsste, wo sie nach deren Tod geblieben sind?« Sie sah Florentine fragend an. »Weißt du wirklich nicht, wer sie an sich genommen hat?«

Florentine überging Lulus Frage und tat so, als hätte sie nichts gehört. Stattdessen sagte sie entschieden: »Ich werde nach München, fahren und mir ein neues Kleid kaufen.«

An dem festlichen Tag, zu dem Florentine eingeladen worden war, wehte ein leichter Wind, kleine Böen spielten mit den weißen Blüten des verblühenden Jasmins und streuten sie auf den Rasen vor dem Haus. Auch die fast fünf Meter langen Ranken der Ramblerrose, die in den Ästen eines der Apfelbäume rankte, bewegten sich im Wind. Wir – Großmutter Elfriede, Tante Lulu, mein Vater und ich, auch Fräulein Elise – standen vor dem Rosenhaus und warteten auf Florentine. Sogar Mopsi hatte sich bequemt, sein Seidenkissen zu verlassen. Er klemmte seinen massigen Körper zwischen die Beine der Haushälterin, mit der er endlich Frieden geschlossen hatte. Und er schien den Duft nach Lavendel und Arnika zu genießen, den Elises Beine verströmten. Das Taxi, das Florentine bestellt hatte, parkte vor dem Gartentor. Wir spekulierten, welches Kleid Florentine sich wohl gekauft hatte.

Dann tauchte sie auf, elegant und dezent geschminkt. Cremefarbene Lackschuhe mit hohen Absätzen, hellgraue Strümpfe, ein kurzes hellrosa Kleid in Wadenlänge mit wippendem Rock und kleinem Jäckchen, dazu eine zierliche, mit Perlen bestickte Handtasche – alles zeugte von ihrem guten Geschmack. Wir hätten ihr ein Kompliment machen können, wäre da nicht dieses überdimensionale Ding in kräftigem Rosa gewesen, unter dem Florentine beinahe verschwand. Mit nach oben gerolltem Rand saß der Hut, einem Storchennest ähnlich, dominierend auf ihrem Kopf: ein Ungetüm, mit dem sie immerhin auffallen würde.

Vorsichtig damenhaft trippelte Florentine auf das wartende Taxi zu.

Da – eine Handbewegung. Ein Schreckensschrei: »Mein Hut!« Eine der kurzen Windböen hatte ihn erfasst und ihr vom Kopf gerissen. Nun segelte er davon und landete im Rankengewirr der Kletterrose, die den Apfelbaum umschlang. Ein erneuter Windstoß drückte das kostbare Strohgeflecht in die endlos hoch hinaufgewachsenen dornigen Ranken. Damit war die rosa Pracht für Florentine rettungslos verloren. »Da fliegt es hin, das gute Ding, perdu der Hut«, flüsterte respektlos mein Vater.

»... und das ist gut«, ergänzte Florentine, während sie den Taxifahrer bezahlte und ihn, ohne einzusteigen, wieder abfahren ließ. Schwungvoll drehte sie sich zu uns um, die wir hilflos und amüsiert dem Geschehen zugesehen hatten.

»Der Hut ...«, lächelte sie und zuckte ohne Bedauern mit den Schultern. Dann bückte sie sich und zog ihre Schuhe aus. »Die sind mir viel zu eng, sie mögen noch so chic oder elegant sein, sie drücken. Außerdem bin ich es nicht mehr gewöhnt, wie eine Artistin auf so hohen Absätzen zu balancieren. War ich denn verrückt, mir ein derartig wackeliges Schuhwerk zu kaufen? Dazu der Hut!«, murmelte sie.

Ich stellte mir vor, wie der Hutkauf abgelaufen war. Vielleicht entsprach alles nicht der Realität, aber ich sah jede Einzelheit höchst lebhaft und deutlich vor meinem inneren Auge.

Florentine war mit der Bahn nach München gefahren. Rat- und rastlos war sie von einem Geschäft zum nächsten gelaufen, unsicher, was sie wählen sollte. Sie, die Bescheidene, die am liebsten in alten Leinenhosen im Garten stand und Dirndlgewänder trug, die ihr nach zwanzig Jahren immer noch passten. Florentine, die lieber in ihren zeitlosen Leinenrock schlüpfte, als sich etwas Neues zu kaufen: Sie sollte nun entscheiden, was sie zum Auftritt dieser Fürstenhochzeit tragen sollte? Eine schwere Aufgabe.

Nachdem sie alle Kaufhäuser abgeklappert und nichts Passendes gefunden hatte, landete sie in einer von Münchens teuersten Boutiquen. Wo sonst konnte sie für einen derartigen Anlass einen geeigneten Hut samt Kostüm finden?

Nachdem die Modistin ihr das neueste Modell gezeigt und es ihr aufs Haar gedrückt hatte, hatte sich die anfängliche Skepsis bald in Begeisterung verwandelt. Die psychologisch geschulten Verkäuferinnen bauten sich rund um sie auf. Sie redeten von Stil und Eleganz, um ihr Zögern zu überwinden. So auffallend sei der Hut und er stehe ihr so gut zu Gesicht, flötete die Inhaberin des Ladens und rechnete im Stillen bereits den Ertrag dieses Geschäfts aus. Ein Glas Champagner beschwingte Florentines Stimmung, die Komplimente der Verkäuferinnen taten ihr gut. Florentine, die bescheidene Frau Baronin, fühlte sich geschmeichelt.

Ich sah im Geiste, wie sie sich drehte und wendete, um sich von allen Seiten im Spiegel zu betrachten.

Eine Stylistin eilte herbei. Sie schminkte Florentine dezent, empfahl nebenbei eine Kosmetikserie, die auch die Krähenfüße um die Augen glätten würde.

Zuletzt kam sich Florentine, eingelullt durch die gewerbsmäßigen Komplimente, wie die Fürstinmutter persönlich vor. Frau Baronin hinten, Frau Baronin vorne, mit süßem Gezwitscher wischte man ihre Bedenken vom Ladentisch. Nach dem zweiten Glas Champagner, zu dem sie selbstverständlich eingeladen war, vergaß Florentine ihre spröden Arbeitshände und wandelte sich zur Dame von Welt, die einen berühmten Rosengarten besaß. Die gleichen Bilder gaukelte ihr auch der Spiegel vor, in dem sie eine vornehme Frau mit rosa Hut erblickte. Sie verglich sich eitel mit ihrer eleganten Mutter, die sie immer bewundert hatte.

Euphorisch bezahlte Florentine die sündhaft hohe Rechnung. Mit dem Gefühl, jung und reich zu sein, herausgehoben aus ihrem bescheidenen Alltag, weit entfernt von den täglichen Pflichten, verließ sie den Salon.

Dann stand sie wieder auf der Straße, es regnete. Ihr Bild spiegelte sich im Schaufenster. Sie betrachtete die ältere Dame mit sportlichen Schuhen im Lodenmantel, bepackt mit den Tüten, auf denen das Logo der exklusiven Modeboutique glänzte. Irgendwie passten diese Tüten nicht zu der Gestalt, die sie im Spiegelbild sah.

Je weiter Florentine sich von dem vornehmen Geschäft entfernte, in dem sich die Verkäuferinnen feiner als ihre Kundschaft gaben, desto schwerer trug sie an ihren Einkäufen. In der Bahn nach Hause quälten sie Gewissensbisse. Hatte sie nicht doch für diesen kurzen Vormittag zu viel Geld ausgegeben? Wie viel Rosenpflanzen hätte sie dafür kaufen können?

Noch standen wir vor dem Haus und starrten zum Apfelbaum, in dem der Hut, gehalten von den Rosenranken, im Wind schaukelte. Leise hörten wir Florentine sagen: »Heute Morgen, nachdem ich den Hut aufgesetzt hatte, kam ich mir beinahe lächerlich vor. Jetzt hängt er im Baum.«

»Du hast das Taxi weggeschickt und die Schuhe ausgezogen, was soll das?«, fragte Lulu vorwurfsvoll.

Florentine lächelte amüsiert und wandte sich zur geöffneten Haustüre: »Nicht immer ist das Glück vollkommen, wenn man unbedingt dabei sein will. Ich jedenfalls gehe jetzt ins Haus, lege meine Beine hoch und genehmige mir einen Sherry. Ich bin, um ehrlich zu sein, froh, dass ich zu Hause bleibe.«

Damit ließ sie uns stehen.

»Dann sehen wir uns die Hochzeit gemeinsam im Fernsehen an«, jubelte Lulu und eilte hinter ihr her.

Ein paar Wochen später erschien Hans-Hugo Vogelsang in Begleitung einiger Herren vom örtlichen Gartenbauverein. Florentine hatte am Wettbewerb um den schönsten Rosengarten auf Landkreisebene teilgenommen. Nun fieberte sie der Preisvergabe entgegen.

Nach einer kurzen Begrüßung bewirtete sie die Herren unter freiem Himmel mit der Zitronentarte Siciliana* aus Lulus Kuchenwerkstatt. Fräulein Elise servierte den Kaffee, angetan mit einer weißen Schürze, die sich um ihre knochigen Hüften spannte. Mit einigen Komplimenten für das Einschenken des Kaffees steckte Hans-Hugo ihr ein kleines Trinkgeld zu.

Um Florentines Zuneigung zu gewinnen, musste er, so nahm er an, den Hund streicheln, sich mit Elise gutstellen und ein zweites Stück Kuchen essen. Dabei bekam er Sodbrennen davon. Er bevorzugte dick mit Landleberwurst bestrichene Brote und trank lieber Bier als Kaffee.

In diesem Jahr hatte das Festspiel des Sommers im Garten früh begonnen und verwöhnte die Rosenliebhaber mit Blüten, Farben und Düften. Das Orchester der Natur spielte summend und zwitschernd in Büschen und Bäumen. In stillen Momenten fuhr ein Windhauch durch die Blätter der Linde, dann begann auch sie in feinen Tönen zu singen.

Herr Vogelsang betrachtete die von Buchsbaum gesäumten Rabatten und zählte die Rosen, die er von seinem Platz aus sehen konnte. Allerdings irritierte ihn dabei der Hund, der damit beschäftigt war, in der fein säuberlich gepflegten Anlage ein Loch zu graben. Wollte dieser Köter womöglich dort seinen Knochen vergraben, den er mit sich herumschleppte?

Nervös schob Hans-Hugo seine Tasse beiseite. Es war sowieso längst an der Zeit, seines Amtes zu walten. Schließlich konnte er das Preisgericht nicht warten lassen.

Galant bat er Florentine, ihn durch den Garten zu begleiten. Eifrig zückte er seinen Bleistift und notierte im Vorübergehen, was er sah. Er prüfte den Glanz der Rosenblätter, ihr kräftiges Grün, begutachtete den Wuchs und zählte Blüten. Zuletzt nahm Vogelsang seine Brille ab, putzte sie umständlich, setzte sie wieder auf und blickte erneut über die mit Buchs oder Lavendel gesäumten Beete. »Traumhaft«, seufzte er hingerissen und warf Florentine einen tiefen Blick zu.

Die Sonne stand schon schräg. Kurzsichtig und vielleicht auch vom Licht geblendet zwinkerte er zum Apfelbaum, in dessen Krone, gehalten von den Rosenranken und längst ramponiert von Wind und Regen, immer noch der rosa Hut hing.

Zitronentarte Siciliana

Für den Teig: 300 g Mehl, 200 g Butter, 100 g Puderzucker, evtl. 1 Ei
Für die Füllung: 500 g Crème fraîche, 4 Eier, abgeriebene Schale und Saft von 1 unbehandelten Zitrone, abgeriebene Schale von 3 weiteren unbehandelten Zitronen
Außerdem: Puderzucker zum Bestäuben

Alle Teigzutaten schnell vermengen, dann eine Stunde kalt stellen.
Den Backofen auf 200 °C vorheizen. Den Teig dünn ausrollen und eine Obstkuchenform damit auslegen. Den Boden mehrmals einstechen und ca. 20 Minuten backen. Inzwischen die Creme in einer Schüssel gut verrühren, aber nicht schaumig schlagen und einige Zeit im Kühlschrank kalt stellen.
Den Tortenboden aus dem Ofen nehmen und die Temperatur auf 130 °C reduzieren. Die Creme auf den ausgekühlten Tortenboden verteilen und im Backofen stocken, aber nicht braun werden lassen. Die fertige Tarte lauwarm servieren, mit Puderzucker bestreuen.

»Oh, welch ein Wunder«, entfuhr es ihm unerwartet und euphorisch. »Ich bin entzückt!« Seine Stimme überschlug sich fast. »Was entdecke ich dort oben in den Ranken dieser kräftigen Kletterrose? Verehrte gnädigste Baronin ... liebe Florentine, wie ist es Ihnen nur gelungen, dieses Prachtexemplar einer derartigen Blüte zu züchten? Man könnte sie in ihrer intensiv leuchtenden Farbe und nie da gewesener Größe als ›Rose Kolossalis‹ bezeichnen! Ich könnte mich daran berauschen, dass ausgerechnet Ihnen, dem Mitglied unseres kleinen Vereins, die Zucht einer solchen Prachtblüte gelungen ist.«

»Eine Rose Kolossalis?«, fragte Florentine erstaunt und warf einen skeptischen Blick zum Apfelbaum.

»Ja die kräftig rosa Rose Kolossalis«, wiederholte Vogelsang begeistert und verkündete voller Überzeugung: »Ihnen, verehrte Baronin, ist der erste Preis sicher. Das darf ich, ohne der Jury vorgreifen zu wollen, mit Recht erklären.«

»Mir?«, fragte Florentine ungläubig und wagte nicht, ihm zu widersprechen. Nach diesem Ausbruch von Begeisterung nahm Vogelsang erneut seine Brille ab und wischte sich über seine kurzsichtigen Augen, die ein wenig feucht geworden waren. »Ich gratuliere«, hauchte er ergriffen und senkte seinen Blick in Florentines freizügigen Dirndl-Ausschnitt. Die Umstehenden bemerkten seine wohlwollende Miene.

In seinem Enthusiasmus, möglicherweise aber auch seiner Kurzsichtigkeit wegen, übersah er die Amsel, die mit lautem Gekreisch aus ihrem Nest davonflog: aus der rosaroten Rose Kolossalis.

Vielleicht übersah er sie aber auch nur deswegen, weil er eine Schwäche für Florentine hatte.

Florentines Briefe

Rezepte
Hasenöhrl · S. 98
Marzipankartoffeln · S. 99
Hollerkücherl · S. 100

Florentine und meine Großmutter schrieben sich häufig lange Briefe. Einige entdeckte ich im Nachlass meiner Großmutter. Unter anderem las ich in einem Brief von Florentine:

An diesem wolkenverhangenen Hochsommertag, der mit seinem grauen Himmel eine gewisse Traurigkeit und Schwere in sich trägt, bleibt mir die Sonne im Herzen, denke ich an die Rosenpracht in meinem Garten.

Lulu war wieder einige Tage zu Gast. Auf dem Grab meiner Mutter lagen weiße Nelken. Elise kommt mir oft so merkwürdig fern vor …
Lulu wollte bei ihrem Besuch das Rezept für die Hasenöhrl* ausprobieren. Nachdem sie zuletzt völlig erschöpft nach einer Zigarette gierte, überraschte sie mich mit einer derartige Menge des Schmalzgebackenen, dass eine Kompanie junger Soldaten davon satt geworden wäre.

Neuerdings erklärt Lulu, ihre Rezepte stammten aus dem Besitz einer adeligen Urgroßtante, deren Porträt sie auf dem Speicher entdeckt habe.

Hasenöhrl

200 g Mehl, 1 Ei, 1 EL Speiseöl, 120 g Schmand, 1 Prise Salz, Etwas Milch (nach Bedarf), Fett zum Ausbacken, Puderzucker zum Bestäuben

Aus Mehl, Ei, Öl, Schmand und Salz einen festen Teig kneten, nach Bedarf noch etwas Milch zugeben.
Den Teig dünn ausrollen und mit einem Teigrad Dreiecke, Ringe und Kreise ausstechen.
Im heißen Fett schwimmend ausbacken, abtropfen lassen und mit Puderzucker bestreuen. Warm zu Kaffee servieren.
Wer es gerne üppiger haben will, verwendet für die Teigmischung: 300 g Mehl, 1 Prise Salz, abgeriebene Schale von ½ unbehandelten Zitrone, etwas Vanille- oder Zimtpulver, 80 g Zucker, 80 g Butter, 2 Eier, 1 Eigelb, 2 EL Rum, 3 EL sauren Rahm oder Sahnequark.

In mir keimt der Verdacht, meine liebe Freundin Lulu Huber alias Frau von Eulenschwang erdichtet sich wieder einmal hochadelige Verwandte. Hat sie das Gemälde dieser jungen Frau etwa auf dem Flohmarkt gekauft?

Ihrem Lächeln nach muss sie glücklich gewesen sein. Da Liebe bekanntlich durch den Magen geht, hat sie vielleicht ihren Ehemann mit Marzipankartoffeln* verwöhnt, die Du, liebe Elfriede, so meisterhaft zubereitest ...

»Marzipan«, dachte ich beim Lesen dieser Zeilen sehnsüchtig und kuschelte mich trotz der sommerlichen Hitze in das Gefühl weihnachtlicher Vorfreude, wie ich es in meiner Kinderzeit so intensiv erlebt hatte. Eine Tante aus Lübeck verwöhnte uns in der Adventszeit mit diesem feinen

Mandel-Zucker-Gemisch, dessen Herstellung lange Zeit allein den Apothekern vorbehalten war. Ursprünglich stammt das Rezept aus dem Orient. Sicher konnte Scheherazade den bösen König aus Tausendundeiner Nacht nicht nur mit ihren Geschichten, sondern auch mit Naschereien aus Marzipan besänftigen, mit diesem Haremskonfekt: Vom Mandelbrei versprach man sich eine Stärkung der Manneskraft.

Durch die Lektüre von Florentines Briefen an meine Großmutter erfuhr ich mehr über das Leben von deren Mutter, die eine berühmte Sängerin gewesen sein muss, auch wenn man sie längst vergessen hat; und über Florentine selbst.

Wie Du weißt, habe ich meine Kinderjahre in Sankt Petersburg verbracht. Meine Großmutter war noch sehr jung, als sie in den 1870er-Jahren in Wien meinen Großvater, den Adjutanten des Russischen Zaren kennenlernte und ihm nach Sankt Petersburg folgte. Dort wurde auch meine Mutter Alexandra geboren ...

Soweit Florentine mir auf meine Fragen hin erzählt hat, wurde Alexandras schöne Stimme

MARZIPAN-KARTOFFELN

*100 g Orangeat,
1 Glas Cointreau,
300 g Rohmarzipan,
50 g Puderzucker,
150 g dunkle Kuvertüre*

Zunächst Orangeat in dem Cointreau marinieren. Dann Marzipan, Puderzucker und Orangeat so gut durchkneten, dass eine homogene Masse entsteht. Walnussgroße Kugeln formen. Die Kuvertüre über dem Wasserbad schmelzen und die Marzipankartoffeln eintauchen und abtropfen lassen.

Hollerkücherl

2 Eier, 1/8 l Milch, 1/8 l guter Weißwein, 200 g Mehl, 1 Msp. Salz, Butterschmalz zum Ausbacken, 6 Holunderblüten, Zimt und Zucker oder geraspelte Schokolade

Eigelbe mit Milch, Weißwein und Mehl zu einem Teig verrühren, 10 Minuten ruhen lassen. Eiweiß mit Salz zu steifem Schnee schlagen und unterheben. Schmalz in einer Pfanne mit hohem Rand oder einem kleinen Topf erhitzen. Holunderblüten leicht schütteln, am Stiel nehmen und schwimmend im Fett goldgelb ausbacken.
Auf Küchenkrepp abtropfen lassen und je nach Geschmack mit Zimt und Zucker oder mit geraspelter Schokolade bestreuen. Heiß servieren.

früh gefördert. Sie erhielt Unterricht, und es war wohl ihr größter Wunsch, Sängerin zu werden. Doch auf Druck ihrer Familie, die in finanzielle Nöte geraten war, musste Alexandra einen wesentlich älteren russischen Großgrundbesitzer heiraten. Sie liebte ihn nicht, und als sie später durch heimliche Kontakte ein Engagement an der Wiener Oper bekommen hatte, verließ sie ihn. Allerdings musste sie, gleichsam als Faustpfand für ihre Rückkehr, die Tochter Florentine in der Obhut des strengen Vaters zurücklassen. Erst kurz vor dem Beginn des Ersten Weltkriegs gelang es der Großmutter, ihre Enkelin Florentine heimlich nach Österreich zu bringen. Dort war sie in demselben Internat untergebracht wie Lulu und freundete sich mit ihr an.

Florentines Brief endet mit den Worten:
Ach, Elfriede, der Holunder blüht. Wir sollten Hollerkücherl* backen und diese zusammen genießen. Die Pfunde sind egal, wenn das Süße lockt!

Das sind die Küsse des Alters, mit denen wir uns selbst verwöhnen, wenn es sonst schon niemand mehr tut ...

PS. Nachbarn behaupten, einen flackernden Lichtschein auf dem Speicher gesehen zu haben. Vielleicht findet meine Mutter tatsächlich keine Ruhe?

Der Kurschatten

Rezept
GOLD-UND-SILBER-MANDELKUCHEN · S. 104

Tante Lulu hatte sich vorgenommen, mit ihrer Rostlaube, dem ›Frosch‹, nach Florenz zu knattern. Sie packte ein Köfferchen – ›Gepäck belastet‹ lautete ihre Devise – und fuhr los. Doch sie kam nur bis Bad Heilbrunn. Dort ging ihr Auto kaputt.

Der nette Monteur in der Reparaturwerkstatt meinte, mit einem derartigen Motorschaden habe der Wagen nur noch Schrottwert. Das Vehikel hätte unterwegs auch in Flammen aufgehen können. Dennoch versprach er ihr, alles nur Mögliche zu tun, um das Auto zu reparieren, was aber mindestens eine oder zwei Wochen Zeit in Anspruch nehmen würde. Derweil quartierte sich Lulu in einer kleinen Fremdenpension ein. Dass aus ihrer Reise nach Florenz nun nichts wurde, wertete sie als eine bedeutungsvolle Wendung des Schicksals. Sie betrachtete sich für die Dauer ihres Aufenthalts als Kurgast. »Es gibt keine Zufälle, es fällt einem zu«, erklärte sie nach ihrer Rückkehr.

»Was fällt einem zu?«, erkundigte ich mich neugierig.

Die Tante hatte in Heilbrunn einen pensionierten Studienrat kennengelernt. Er hieß Olaf Quant und war Mathematiklehrer am Gymnasium gewesen. »Knochentrocken, Kavalier der alten Schule; aus Hannover, ein Preuße eben!«, meinte sie mit einem Anflug von Humor.

Der einstige Mathematiklehrer fand Bad Heilbrunn langweilig, die Berge imposant und das bayrische Bier köstlich. Die Bayern an sich hielt er für rückständig und schüttelte den Kopf über ihren Dialekt, von dem er angeblich kein Wort verstand. Trotzdem war er schon dreimal in den Vorstellungen des örtlichen Bauerntheaters gewesen und hatte sich dabei königlich amüsiert. Um passend gekleidet zu sein, war er nach München gefahren, um sich bei Loden Frey mit einem Trachtenjanker einzukleiden. Nur schlafen konnte der empfindliche Professor im friedlichen Heilbrunn nicht. Er beklagte sich über das ständige »Kirchenglockengebimmel der Katholiken« und das Krähen der Hähne auf den Bauernhöfen im Ort.

Er kurte allein, Lulu wanderte allein. Grund genug, gemeinsame Wege zu suchen und sich für die Geschichte des Orts zu interessieren. Berühmt geworden ist er durch den Kuraufenthalt der Kurfürstin Henriette Adélaïde von Bayern im 17. Jahrhundert. Von der aufwendigen Pracht Heilbrunns aus der damaligen Zeit und den Gebäuden, die extra für die bayerische Herrscherin und ihr Gefolge errichtet worden waren, ist allerdings nichts erhalten geblieben. Lediglich der Name der örtlichen Heilquelle, der Adelheidquelle, erinnert noch an diese Zeit.

Zwischen Bad Tölz und Benediktbeuern gelegen, mit Blick auf bewaldete Vorberge und die Benediktenwand, entdeckt man das kleine verträumte Kurbad auf einer leichten Anhöhe ... Diesen Text nahm Lulu wohl zum Anlass, um sich mit dem Professor über die Tochter des Herzogs von Savoyen zu unterhalten, die 1658 in Bad Heilbrunn gekurt hatte. Wenn man Lulus späteren Berichten glauben darf, hielt sie vor dem staunenden Hannoveraner eine Vorlesung über die Lebensart des 17. Jahrhunderts am Münchner Hof. Der trockene Mathematiker ließ sich von der begabten Komödiantin Lulu mit einem barocken, lebensfrohen Historienspiel unterhalten.

Sie zog den imaginären Vorhang auf und stellte die Kurfürstin auf die Bühne.

Kurfürst Ferdinand Maria war in großer Sorge. Weder die Gebete der Hofgeistlichen noch die Tinkturen der Ärzte, nicht einmal ein mehrfacher Aderlass hatte geholfen. Nun sollte das Wasser von Heilbrunn das Wunder einer lange schon ersehnten Schwangerschaft bewirken. Adelheids Kinderlosigkeit, die nun schon zehn Jahre andauerte, bedeutete, dass Bayern durch Erbrecht an die Habsburger fallen könnte. So reiste Adelheid mit großem Gepäck, begleitet von ihrem Hofstaat von gut und gern 100 oder 200 Personen, in den kleinen Badeort. An die 350 Pferde sollen mitgezogen sein, dazu kamen Schafe und Ziegen, die man der Milch wegen dabei hatte. Der Kurfürst, der seine Frau innig liebte, hatte sich allerhand Zerstreuung für die schöne Adelheid einfallen lassen. Mit großem Aufwand ließ er ein Prunkschiff vom Starnberger See über

Land herbeischaffen, nur damit Adelaide auf einem größeren Weiher in der Nähe von Heilbrunn ›Schifferl fahren‹ konnte. Der verwöhnten Kurfürstin sollte es auch in Heilbrunn an nichts mangeln, was ihr Freude machte.

Ihre tägliche Festtafel bog sich unter den kulinarischen Feinheiten, die der Hofkoch zubereitete. Adelaide wurde mit zart gebratenen Eichkätzchen, Schwänen und Störchen verwöhnt. Wildbret, von den Hofjä-

Gold-und-Silber-Mandelkuchen

Gold:
180 g Butter, 180 g Zucker, 5 Eigelb, 250 g Mehl,
2 Päckchen Vanillezucker, ½ TL Backpulver, 100 ml Milch

Silber:
5 Eiweiß, 180 g Butter, 180 g Zucker, 200 g gemahlene Haselnüsse,
100 ml Milch, 100 g Mehl, ½ TL Backpulver

Eine Springform mit Backpapier auslegen. Den Backofen auf 175 °C vorheizen.
Gold: Butter, Zucker, Vanillezucker und Eigelb zu einer Schaummasse rühren.
Mehl mit Backpulver vermischen und darunterheben. Die Milch dazugeben und alles zu einem lockeren Teig verrühren.
Silber: Das Eiweiß zu steifem Eischnee schlagen. Butter und Zucker schaumig rühren, gemahlene Nüsse unterheben. Mit Milch glatt rühren, Mehl und Backpulver dazugeben. Eischnee unterheben.
Die Teige schichtweise in die vorbereitete Springform einfüllen.
Ca. 60–70 Minuten backen.

gern in den Bergen ringsum erlegt, gehörte ebenso zum täglichen Menü wie fett gemästete Kapaune und Fische aus dem Tegernsee. Zuletzt servierte man als Dessert Gold-und-Silber-Mandelkuchen*.

Auch der Tross, der die Kurfürstin nach Bad Heilbrunn begleitet hatte, musste versorgt werden. Beichtvater, Leibarzt, Edelknaben, Hofdamen, Musiker, Barbiere, Köche, die Leibgarde, Jäger, Soldaten und Kutscher, sie alle hatten Hunger. Diese schwierige Aufgabe übernahmen weitgehend die Benediktiner des Klosters in Benediktbeuern.

Damit beendete Lulu ihre Schilderungen. Erschöpft von den faktenreichen Schilderungen seiner Fremdenführerin ließ sich Olaf Quant auf den Stuhl eines Gastgartens fallen. Ein Schweinsbraten und eine halbe Bier brachten ihn wieder zu Kräften.

Später erkundigte sich der Professor bei Lulu, ob die Heilbrunner Quelle denn nun das Wunder einer Schwangerschaft bewirkt habe oder ob der Kurfürst selbst seinen Teil dazu habe beitragen musste.

»Na ja«, meinte die Tante verschmitzt, »für einige Tage muss der Kurfürst wohl zu Besuch da gewesen sein. Jedenfalls kam nach neun Monaten ihr erstes Kind, eine Tochter, zur Welt. Knapp zwei Jahre später freuten sich die glücklichen Eltern und die Bayern über die Geburt des sehnlichst erhofften Thronfolgers Max Emanuel, des späteren blauen Kurfürsten, der dabei war, als die Türken vor Wien geschlagen wurden.«

»Und was ist aus Professor Quant geworden?«, wagte ich Lulu zu fragen.

»Na ja, ich habe ihn wohl überstrapaziert und er ist früher als geplant zu seiner Frau nach Hannover zurückgefahren«, antwortete Tante Lulu und lächelte verschmitzt.

Egidius Moosgräber

Angesichts der farbenprächtigen Rückschau ins barocke Bayern, die Lulu lange beschäftigte, verlor sich ihr Interesse an der ›Giftmischerin‹ Elise. Lulus kleiner werdende Welt drehte sich inzwischen um Blumentöpfe, Brennholz, Rosen, Torten und Mäuse. Wäre da nicht Florentines Begegnung mit Egidius Moosgräber gewesen.

Alexandras Tod lag nun schon über dreißig Jahre zurück, doch jemand schien sie nicht vergessen zu haben. Auf ihrem Grab lagen an ihrem Geburtstag, ihrem Todestag und hohen Feiertagen regelmäßig weiße Nelken. Sie waren teuer und in den meisten Blumengeschäften der Gegend nicht zu bekommen, denn sie stammten aus San Remo.

Lagen diese Blumen auf dem Grab, konnte man davon ausgehen, dass es nachts im Rosenhaus geisterte. Feiner Duft nach Zimt und Nelken zog durch die Räumlichkeiten. Das Gespenst schwebte um Mitternacht schleierumwoben über die Treppe, manchmal vernahm man auch leises Seufzen. Danach schimmerte verschwimmend ein Lichtschein auf dem Dachboden.

An einem stürmischen Regentag stand Egidius Moosgräber durchnässt und mit kaputtem Fahrrad vor der Küchentüre des Rosenhauses. Elise war wieder einmal mit schwarzer Ledertasche verschwunden, ohne zu sagen, wann sie zurückkäme. Florentine holte den Fremden ins Haus, sorgte dafür, dass er seine Jacke in der Küche trocknete, und kochte ihm Tee.

Krumm, vom Alter gebeugt, verwittert durch Wind und Wetter, wirkte er düster. Doch seine Augen straften diesen Eindruck Lügen. In ihnen lagen Güte, tiefe Menschlichkeit und Wärme.

Florentine fragte nach seinem Woher und Wohin und kam langsam mit ihm ins Gespräch. So erfuhr sie, dass er aus dem Leitzachtal stammte und seit einiger Zeit in Miesbach wohnte. Egidius kam weit herum. Er wurde von den Bauern zu Hilfe gerufen, wenn eine Kuh krank war und sie sich den Tierarzt sparen wollten. Er konnte aber auch Warzen besprechen, Häuser gegen die bösen Geister ausräuchern und unter gewissen Bedingungen die Zukunft vorhersagen, was ihm als ›Schmuser‹, als Heiratsvermittler, zugutekam. Auch besprach er Kühe, die nicht trächtig werden wollten oder nicht kälbern konnten.

Während seiner langsamen Rede blickte sich Egidius mit flinken Augen in der Küche um. Sein Blick fiel auf eine Porträtfotografie von Alexandra. Nachdenklich betrachtete er das Bild im Silberrahmen, das zwischen Elises Teemischungen* seinen besonderen Platz hatte.

»De Frau«, sagte er bedächtig und sammelte einige Brotbrösel vom Tisch, »war a scheene Leich. Offen im Sarg wars aufbahrt, Gott hab sie selig, und die vielen weißen Nelken. – Die Frau is ned vergift wordn, wia gredt werd«, sagte er nach längerem Schweigen und gab sich Mühe, deutlich zu sprechen; ihm fehlten einige seiner Zähne.

»Du«, wandte er sich an Florentine, »i hab des zwoate Gsicht! Dei Haushälterin hat koa Recht, dass die Totenruhe von deiner Mutter stört, hab ein Aug auf sie!«

Florentine erzählte uns später von ihrer Begegnung mit Egidius und war sichtlich bemüht, seine Worte so getreu wie möglich wiederzugeben.

Seine Mahnung allerdings tat sie als Hirngespinst ab, damit konnte sie nichts anfangen. Zumindest noch nicht ...

»Dieser Egidius ist ein Philosoph«, überlegte Florentine, als sie einmal mit meiner Großmutter darüber sprach. War Egidius nicht als ›Bauerndoktor‹ unterwegs, dann ging er auf fremde Beerdigungen. Nicht aus Teilnahme, sondern um ein Sterbebild des oder der Toten zu bekommen. Er betrachtete sich als eine Art Gedächtnis für die ›Verblichenen‹ und versuchte deren Geschichten zu erfahren. Aus diesem Grund war er einst auch auf Alexandras Beerdigung gewesen. Nicht aus Neugier, sondern, wie er sagte, als ›Vergangenheitsbewahrer‹.

Damit ›seine‹ Toten nicht vergessen werden, besuchte er Jahr für Jahr die Friedhöfe zwischen Weilheim und Rosenheim. Er betete dort für die, deren Sterbebild er aufbewahrte und deren Geschichte er kannte. Oft befreite er auch ein vergessenes Grab vom Unkraut und zündete dort ein Kerzchen an.

Auch an Alexandras Grab war er schon des Öfteren gewesen. Auf diese Weise hatte er Elise kennengelernt und beobachtet, wie sie Blumen auf die letzte Ruhestätte der Sängerin legte. Später war er mit ihr ins Gespräch gekommen.

Über die guten und schlechten Zeiten hatten sie geredet, und Elise hatte ihm von ihrem Kräutergarten erzählt. Weil er ihr aufmerksam zuhörte, war sie gesprächig geworden. So erfuhr er, wie sie für die gnädige Alexandra gesorgt hatte. Einmal habe sie gegen Bilder aus dem Besitz des Fürsten Nikolai, der die Sängerin so plötzlich verlassen hatte, eine Ziege eingetauscht. Das sei ihrer Selbstversorgung zugutegekommen.

Die Mausefalle

REZEPT
WALNUSSTORTE · S. 110

Es war Spätherbst. Das Laub der Bäume, das eben noch in flammendem Farbenspiel geleuchtet hatte, lag braun und vertrocknet auf der Erde. Noch rechtzeitig bevor es Winter wurde, kippte ein hilfreicher Nachbar Tante Lulu einen Berg Brennholz vor die Haustüre. »Aufschlichten muaßt es selber«, erklärte er, kassierte sein Geld und fuhr mit seinem Traktor davon. Tante Lulu bat die Dorfkinder, ihr zu helfen, und entlohnte sie mit Kuchen und Schokolade.

Mehr und mehr verlegte Lulu nun ihre Aktivitäten nach drinnen in die warme Küche. Draußen rüsteten sich die Feldmäuse für die kalte Jahreszeit. Sie bezogen Quartier unter dem Holz an der Hausmauer.

Irgendwann entdeckte Tante Lulu die Mäuseplage und war entsetzt. Sie klagte meinem Vater ihr Leid und verlangte nach einem Kammerjäger.

Dann fand sie das Loch im Mückengitter am Fenster der Speise-

WALNUSSTORTE

Für den Mürbteig:
200 g Mehl, 100 g weiche Butter,
1 Eigelb, 1 abgeriebene Schale
einer unbehandelten Zitrone,
1 Prise Salz, 40 g Zucker,
2 Schnapsgläser (à 2 cl) Wasser

Für den Belag:
100 g geriebene Walnüsse,
ca. 50 g Crème fraîche ,
130 g brauner Zucker,
1 EL Honig, 2 ganze Eier

Für die Glasur:
160 g Puderzucker,
4 EL Rum, einige Walnusskerne

Mürbteig zubereiten und eine Stunde im Kühlschrank ruhen lassen. Den Backofen auf 160 °C vorheizen. Teig ausrollen und in eine Tarte-, oder Springform drücken. Zutaten für den Belag verrühren und auf den Teig gießen. Ca. 30 Min. backen. Abkühlen lassen und auf eine Kuchenplatte legen. Puderzucker mit dem Rum verrühren und Glasur dick über die Torte streichen. Mit Nüssen garnieren.

kammer. Mausekötel sammelten sich zwischen Tüten mit Haferflocken, Grieß und anderen Nahrungsmitteln. Ihr Entsetzen wurde noch größer.

Seinen absoluten Höhepunkt aber erreichte es beim Anblick der angefressenen Walnusstorte*. Das von ihr mit so viel Liebe und Mühe gebackene Meisterwerk war vernichtet! Es war grauenvoll. Lulu unterhielt uns abendfüllend mit der Mäusestory und berichtete detailliert über die Fressorgien ihrer Hausbesetzer.

Großmutter meinte: »Da haben wir ihn mal wieder, den Frosch im Salat.«

Meinem Vater riss der Geduldsfaden. Er schimpfte: »Nun tu endlich was dagegen, du verrücktes Huhn, jammere uns nicht die Ohren voll, sondern kauf ein paar Mausefallen. Außerdem sind das keine Hausmäuse, die haben nur Hunger. Du musst alle Lebensmittel in Dosen verschließen, damit sie nichts mehr zu fressen finden. Lass nachts das Fenster offen, vielleicht verschwinden sie von selbst.«

Die Tante holte den Frosch aus der Garage, fuhr nach Miesbach und erstand im Landhandel einige Fallen. Danach bummelte sie über den Wochenmarkt, traf sich mit einer Freundin in einem der gemütlichen Gasthäuser und vergaß die mündliche Anleitung zum Aufstellen der Fallen. Wie die Drahtklammern über das kleine Brettchen spannen? Wie, mit welchem Kunstgriff Wurst, Käse oder eine andere Delikatesse für die Mäuse an dem dafür vorgesehenen Haken befestigen?

Eigensinnig wie sie war, fragte sie nicht noch einmal nach. Nein, sie war überzeugt: Eine Mausefalle aufzustellen wäre auch für sie ein Kinderspiel.

Beim ersten Versuch zwickte sie sich zwei Finger der rechten Hand ein. Wir, mein Vater, unsere Köchin und ich, arbeiteten im Gemüsegarten, als Lulu kreischend mit ausgestrecktem Arm auf uns zukam. Sie wirkte, als sei der leibhafte Teufel hinter ihrer armen Seele her. An ihren Fingern hing etwas.

»Ich bin schwer verletzt!«, rief sie jammernd. »Niemand wird mir helfen können! Ich verlieren meine Finger, ich sterbe!« Verzweifelt sank sie in die Arme meines Vaters.

»Das kann auch nur dir passieren, mein verrücktes Huhn!«, sagte mein Vater todernst und unterdrückte tapfer ein Grinsen. Er nahm ihre Hand, hielt die Falle fest und bog mit Leichtigkeit den Spannbügel zurück. So befreite er die Unglückliche von ihrem Folterinstrument. Danach, im Haus, beruhigte ein Stamperl Schnaps ihre Nerven und kühlte ein Eisbeutel ihre gequetschten Finger.

Ein schlechtes Geschäft

Lulu kam wieder einmal mit ihrem Auto auf unseren Hof gefahren. Kaum ausgestiegen, rief sie uns zu: »Ich bin Großmutter geworden!« — »Gratuliere!«, rief mein Vater aus dem Garten zurück. »Ich habe sofort einen Flug nach London gebucht«, schrie sie ihm über den Zaun zu. Dort lebte ihr Sohn, der den theatralischen Namen Othello trug, mit seiner Frau. Zu beiden hatte Lulu seit Jahren keinen Kontakt. Ihr Sohn hatte ihr nie seinen Vornamen verziehen und seine Frau wollte ihre Schwiegermutter eigentlich schon längst in ein Seniorenheim umsiedeln. Das wiederum konnte Lulu, die ihr freies Leben niemals aufgeben wollte, kaum verkraften. Aber zur Geburt des Kindes kam dann doch eine Nachricht, und Lulu, impulsiv wie sie war, hatte allen Ärger sofort vergessen. »Ich muss doch meinen kleinen Enkel begrüßen«, erklärte sie und wischte damit alle eventuellen Zweifel und Einwände an ihrer Entscheidung vom Tisch.

Dann schockte sie ihn mit ihrer zweiten Neuigkeit. »Ich habe auch ein neues Auto bestellt. Frosch Nummer zwei ist geräumiger und hat mehr Platz. Was soll denn mein kleiner Enkel denken, wenn er seine Großmutter in dieser Rostlaube herumfahren sieht?« Lulu blickte meinen Vater triumphierend an.

Doch anstatt eines Lobes, das Lulu jetzt wohl von ihm erwartete, brummte er: »Der Bua is kaum auf der Welt, und du kaufst dir ein neues Auto! Sonst von keinem Pfennig Geld wissen, und jetzt angeben wie eine feine Madam. Bist du verrückt geworden, oder ist bei dir der Reichtum ausgebrochen?«

»Ich bin über Nacht reich geworden!«, konterte Lulu geheimnisvoll.

Wenig später stellte sich im Gespräch heraus, dass sie sich in ihrer Vertrauensseligkeit von einem bauernschlauen Nachbarn hatte über den Tisch ziehen lassen. Die Tante war auf den billigsten Trick der Welt hereingefallen.

Der Huber Anderl war ihr um den nicht vorhandenen Bart gegangen. Schon Wochen vorher hatte er ihr immer wieder bei passender Gelegenheit honigsüßen Schmäh über ihr Aussehen und ihre charmante Art ums Maul geschmiert. Dann hatte er während eines abendlichen Besuchs bei ihr die Katze aus dem Sack gelassen und scheinheilig über die Wiese hinter ihrem Haus zu reden begonnen. Mit der habe sie nur Arbeit und keinen Gewinn, hatte er ihr erklärt. Wenn sie ihm die verkaufen würde! Einige Glaserl Schnaps taten ihre Wirkung. Lulu bot ihrem Nachbarn das Du an, er meinte, für so eine fesche Frau täte er alles. Ja, wenn er nicht so streng verheiratet wäre, dann … ja, dann würde er sicher noch eine Sünde mit ihr riskieren! Als beide besoffen waren (diesen drastischen Ausdruck wählte mein Vater), ließ sich der bauernschlaue Anderl breitschlagen, auf den ausgehandelten Preis noch einige Tausender draufzulegen; was ihm aber, wie sich später herausstellte, nicht wehtat. Lulu unterschrieb den Kaufvertrag, den er ›zufällig‹ dabeihatte.

Dass der schlaue Fuchs nach der Verbriefung auf dem Notariat die Wiese mit beträchtlichem Gewinn als Baugrund an einen seiner Spezln weiterverkaufte, erfuhr Lulu erst später. Wenige Wochen zuvor war der Bebauungsplan der Gemeinde geändert worden. Um einem ewig langen

Rechtsstreit aus dem Weg zu gehen, musste sie notgedrungen die dicke Kröte schlucken.

»Dein Eduard würde sich im Grab umdrehen, wenn er wüsste, wie leichtgläubig und dumm du warst! Du verrücktes Huhn. Wie konntest du diesem hinterlistigen Fuchs nur auf den Leim gehen?«, schimpfte verärgert mein Vater. Er hätte die Wiese auch gerne gekauft.

Mopsis später Frühling

In diesen Sommerwochen benahm sich Florentines alter Mopsi wie ein junger Hund. Der Duft einer Hündin war ihm über eine weite Entfernung in die feine Nase gestiegen. Sie hatte die ›Hitze‹, war läufig. Diese Witterung brachte nicht nur das Hundeleben des edlen Cäsar Lord von Kelcheroy, genannt Mopsi, durcheinander, sondern beunruhigte sämtliche Rüden der Umgebung.

»Alter schützt vor Liebe nicht«, wandelte mein Vater ein bekanntes Sprichwort ab. Bei seinen Telefongesprächen mit Florentine musste er sich jetzt langatmige Mopsi-Histörchen anhören.

Gewöhnlich verschlief der Hund viele Stunden des Tages auf seinem indischen Seidenkissen. Dick und schwerfällig geworden, unterbrach er höchst selten seine Siesta, um sich träge zum Futternapf zu bequemen. Wählerisch suchte er sich die besten Fleischstücke aus einem pappigen Reisbrei, den Elise für ihn mit ihren Hundefutter-Kochkünsten täglich zubereitete.

Doch jetzt schien Mopsi in einen Jungbrunnen gefallen zu sein. Mit dem unschuldigen Blick eines Welpen kratzte er an der verschlossenen Haustüre und tat so, als müsse er eines dringenden Bedürfnisses wegen hinaus. Mit seinem treuen Blick wirkte er so, als könnte er kein Wässerchen trüben, als wollte er sich lediglich die alterskrummen Beine etwas vertreten. Schnaufend wankte er seitwärts in die Büsche, von wo aus es dann für ihn kein Halten mehr gab. Mit der Eile eines Flüchtigen zwängte er sich durch das Loch im Zaun und verschwand. Am Ziel seiner Träume reihte er sich in den Opernchor sämtlicher Zamperln, Straßenköter und einiger edler Rassen aus der Nachbarschaft ein. Gemeinsam jaulten sie vor dem Haus der Angebeteten, einer weißen Pudeline. Mopsis Liebestöne ließen sich mit dem Gesang eines indisponierten heiseren Tenors vergleichen, der den Papageno zu singen versuchte.

Der arme Mopsi! Es gab nur selten Augenblicke, in denen er, zitternd und fast um seinen Verstand gebracht, einen Blick auf die Liebe seines Hundeherzens erhaschen durfte. Sommergewittern, Regen oder anderen Wetterkapriolen trotzte er und harrte stunden-, ja tagelang gemeinsam mit seinen Nebenbuhlern vor dem Haus der Hündin aus. Ab und zu wurde er wenigstens mit einer Duftwolke von ihr belohnt, was ihn noch verrückter machte. Notgedrungen wurde nämlich die lockige Pudeldame ein- oder zweimal am Tag, versteckt hinter einer hohen Thujahecke, im Garten ihrer Besitzerin an der Leine spazieren geführt.

Während Mopsi an Liebesfieber litt und weder am Tag noch in der Nacht nach Hause kam, begann es dauerhaft zu regnen. Besser gesagt, es schüttete, was die Wolken hergaben. Auf den Wiesen bildeten sich tiefe Seen, woanders sprach man von Hochwasser.

In Sorge um den Rheuma geplagten Hund blieb Florentine und Elise schließlich nichts anderes übrig, als sich auf die Suche nach ihm zu machen. Elise steckte ihre dünnen Beine in weite Gummistiefel und schlüpfte in einen Lodenmantel, der noch aus ihrer Jugendzeit stammte. Kopftuch und Hut schützten ihre strenge, gescheitelte Frisur vor Nässe. Laut schimpfend packte sie energisch den Schubkarren und polterte mit Florentine im Schlepptau über die Straße. »Dieser treulose Hund, dieser Malefizköter, das undankbare Hundsmistvieh! Sonst tut er so, wie wenn er nicht mehr laufen könnt ... Da kocht man ihm die besten Kalbsknochen mitsamt dem Fleisch und dem Reis – und was macht der Hund? Der läuft einer Hündin nach, die nicht einmal reinrassig ist.«

Mit derartigem lautem Gezeter, am lautesten vor den Fenstern des vornehmen Seniorenstifts, marschierte Elise voraus. Mit der List eines Hundefängers wollte sie zur Tat schreiten und Mopsi wie einen Delinquenten auf dem Schubkarren festbinden. Erfahrungsgemäß ließ er sich, falls sie ihn überhaupt zu fassen bekamen, kaum dazu bewegen, an der Leine mit nach Hause zu laufen. Es half auch nicht, ihn mit Gewalt hinter sich her zu zerren. Bei derartigen Versuchen hatten beide Frauen bereits erlebt, dass Mopsi aus dem Halsband schlüpfte. Oder dass er sich tot stellte. Kraftlos hatte er seine vier Beine von sich gestreckt und war umgefallen. Die kümmerlich röchelnden Töne, die er von sich gab, waren für Florentine ein Alarmzeichen gewesen, dass jetzt sein letztes Stündlein geschlagen habe, dass Mopsi sterben würde. Doch das Gegenteil war der

Fall gewesen. Bei der ersten sich bietenden Gelegenheit war er quicklebendig davongerannt.

»Tragen möcht ich den schweren Hund nicht, da reißt's mir 's Kreuz ab, und die Frau Baronin darf's auch nicht. Wir fahren ihn mit dem Schubkarren heim, und dann wird er eingesperrt«, kommandierte Elise.

Erstaunlicherweise gelang das schwierige Manöver. Als die beiden den Hund glücklich auf dem Schubkarren hatten, seufzte Florentine schwach: »Er zittert ja vor Kälte. Ich werde ihn warm baden.« Gesagt, getan. Liebevoll rieb sie Mopsi danach trocken, parfümierte ihn mit Hundeduft und wickelte ihn in ihr teuerstes Kaschmirtuch. Was Mopsi sich mit treuen Hundeblick gefallen ließ. Mit Heißhunger verschlang er sein Lieblingsmenü, das Elise extra zubereitet hatte: gekochte Rindfleischbrocken, angerichtet mit Reis und etwas Gelbe-Rüben-Brei. Anschließend schielte er gähnend zu seinem Ruheplatz in der Diele, schlich sich in seinen Hundekorb und wartete die nächstbeste Gelegenheit ab, um wieder zu verschwinden.

Zuletzt handelte er sich bei einem Straßenkampf mit seinen Konkurrenten einige schmerzhafte Blessuren ein. Lädiert und erschöpft kam der müde Krieger endlich wieder angekrochen. Schwerfällig ließ er sich auf sein Kissen heben, um sich die Wunden zu lecken. Seine Liebeslust war vergangen, so wie die ›Hitze‹ der Pudeldame. Mopsi besann sich abenteuermüde seines Alters und beobachtete vom Seidenkissen aus das Geschehen um sich herum. Ja, er war sogar so bequem geworden, dass er es nicht mehr der Mühe wert fand, morgens den Postboten anzubellen. Und er verkniff es sich, im Winter draußen im Schnee sein Bein für ein Lackerl zu heben, da es ihm zu kalt war.

Abenteuer in England

Rezept
Äpfel im Quittenschnee · S. 119

Mopsis Liebesabenteuern fielen genau in die Zeit, die Lulu nach der Geburt ihres Enkels in England verbrachte. Nach ihrer Rückkehr gab sie ein kleines Fest.

Ihre humorvolle Unterhaltung bei Tisch hatten wir während ihrer Abwesenheit schmerzlich vermisst. Besonders mein Vater war über ihre Rückkehr hocherfreut. Endlich konnte er mit ihr wieder über die neuesten Witze lachen, über die Politik schimpfen und Skat spielen. Und dabei aßen sie Äpfel im Quittenschnee*, Vaters Lieblingsnachspeise.

Tante Lulu, immer für eine Überraschung gut, war also wieder da. Sie schockte uns mit ihrem Outfit, das nicht recht zu ihrem Alter passte: die tizianrot gefärbten Haare kurz geschnitten, dazu bunt karierte Kleidung und schwarz lackierte Fingernägel.

Zur Enttäuschung von Florentine hatte die Tante weder die berühmten englischen Gartenanlagen noch deren Rosarien oder das Victoria-and-Albert-Museum in London besucht. Dafür war sie lieber mit einem Doppeldeckerbus offen über Land gefahren, um in Stratford-upon-Avon eine Shakespeare-Aufführung zu erleben.

Solche Eskapaden entsprachen nicht nur dem Wesen meiner Tante, sie hatten in diesem Fall auch noch einen zusätzlichen Anlass: Lulu konnte die Vorwürfe ihres Sohnes der verkauften Wiese wegen nicht mehr ertragen. Nach drei Anstandstagen flüchtete sie aus London, kaufte sich eine Fahrkarte und reiste mit wenig Gepäck quer durch England und Schottland. Neugierig auf das normale Leben der Engländer der Schotten, trank sie mit Zufallsbekanntschaften in den kleinen Kneipen ein Real Ale, das schottische Bier, oder versumpfte mit ihnen in einem Pub. Lulu schwärmte von Fish and Chips, und selbstverständlich hatte es ihr auch der schottische Whisky angetan. Für Elise brachte sie ein rot kariertes

Äpfel im Quittenschnee

3 süßliche Äpfel, 1 Becher (200 g) Sahne, 4 EL Quittengelee, evtl. 4 Blatt Gelatine (wenn man diese Nachspeise nicht sofort serviert, sondern für Gäste vorbereiten möchte)
Für den Sud: 1 Espressotasse Zucker, 1 Päckchen (8 g) Vanillezucker, 5 Nelken, 1 TL Zitronat, 1 Schuss weißer Balsamico-Essig, einige Scheiben Ingwer (gewürfelt)

Alle Zutaten für den Sud mit 250 ml Wasser in einen Topf geben und aufkochen. Mindestens 10 Minuten leicht köcheln lassen, dann abseihen. Äpfel schälen, in Spalten schneiden, dann würfeln. Nebenbei mit Zitronensaft beträufeln, damit sie nicht braun werden. Im Sud kochen, bis sie weich sind (nicht verkochen lassen, sie müssen die Form behalten). Aus dem Sud fischen, portionsweise in Gläser füllen, kalt stellen. Sud köcheln lassen, bis Sirup entsteht, und ebenfalls kalt stellen.
Sahne schlagen, Quittengelee unterheben und rühren. Bei Bedarf mit Gelatine fest werden lassen. Vor dem Servieren wird der Quittenschnee auf die Äpfel in den Gläsern gegeben und mit dem Apfelsirup beträufelt.

Tuch mit. »Damit sie nicht immer wie eine graue Maus mit uns auf der blauen Bank sitzt«, meinte Lulu und erkundigte sich nebenbei: »Was macht Elise eigentlich mit ihrem Geld? Sie muss mit ihren Cremes und Teemischungen doch schon ein Vermögen verdient haben, alles schwarz natürlich.«

Lulu, trotz des Verkaufs der Wiese stets knapp bei Kasse und penetrant neugierig, stellte immer wieder Überlegungen zu Elises Sparguthaben an. Elise, die verblüffenderweise immer über alles Bescheid wusste, was hinter ihrem Rücken über sie gesprochen wurde, ließ Lulu einmal über mich ausrichten: »Die Tante Lulu sollt sich lieber um ihr eigenes Geld kümmern. Sagst ihr, ich spar für mei Beerdigung.«

Zuletzt landete meine Tante in einem kleinen, grauen Ort zwischen den Hügeln der schottischen Hochmoore.

»In dieser Einsamkeit«, erzählte Lulu, »traf ich einen charmanten jungen Mann. Er schätzte mich um zehn Jahre jünger und versprach mir, mich zum berühmten Loch Ness zu bringen.« Sie lachte herzlich, bevor sie mit entwaffnender Ehrlichkeit sagte: »Kinder, was dann passierte, war typisch für mich. Der junge Mann entführte mich in eine Whiskybrennerei und meinte, die müsse ich unbedingt besichtigen. Er zeigte mir die Mälzerei, und ich lernte, wie Whisky gebrannt und destilliert wird. Die Verkostung zog sich in die Länge. Schließlich wirkte um mich herum alles doppelt so groß, der junge Mann, dessen Name mir entfallen ist, löste sich im Whiskydunst auf, und ich verlor jedes Zeitgefühl. Irgendjemand brachte mich irgendwohin, wo ein Bett stand. Das sollte einem in meinem Alter eigentlich nicht mehr passieren«, gestand Lulu.

»Lulu, du scheinst dich unmöglich benommen zu haben«, krächzte meine Großmutter empört, wollte aber unbedingt hören, wie es weiterging.

»Am nächsten Morgen war ich wieder nüchtern, sehr nüchtern sogar. Meine Tasche war weg, mein Geld auch, und von dem jungen Mann fehlte jede Spur. Ratlos schilderte ich der Pensionswirtin mein Missgeschick. Sie hörte mich ruhig an, und dabei fühlte ich mich wie ein vom Sturm lädierter Fischkutter, der einen ruhigen Hafen anläuft. Mein Othello hat mich später abgeholt und mir riesige Vorwürfe gemacht.«

Das Kostümfest

Rezept
Beerenkuchen · S. 125

Der Duft des Sommers legte sich über das Land. Die warmen Julinächte rochen nach Heu, Rosen und wilden Kräutern. Die Hitze des Tages verführte zum Baden im Tegernsee und gegen Abend zur Einkehr in einen kühlen Biergarten oder ins Bräustüberl der herzoglichen Brauerei. Aber ich war wieder einmal mit Tante Lulu bei Florentine eingeladen. Diesmal quartierte mich Florentine im kleinen Dachstübchen neben Elises Kammer ein. Diese Gelegenheit wollte ich nutzen, um endlich hinter das Geheimnis des verschlossenen Schranks zu kommen, der schon seit Kindertagen meine Neugierde erregte.

Weshalb hatte mir Elise damals verboten, den Schrank zu öffnen? Weshalb sollte mich der Teufel holen, falls ich es wagen nochmals versuchen würde? In diesem Schrank, dessen war ich mir sicher, war etwas verborgen, von dem nur Elise wusste.

Ich dachte an das Märchen vom Geheimnis der verbotenen Türe. Wehe, wenn man sich dieser Türe näherte, sie sogar öffnen wollte! Zu Strafe verwandelte ein fürchterlicher Zauberer die Neugierigen in schwarze Raben. Nur ein Prinz konnte den Bann lösen, wenn er drei schwierige Aufgaben erfolgreich bewältigte.

Musste ich also erst das Rätsel der weißen Nelken, dann das der Gespenstergestalt auf der Treppe und zuletzt den Verbleib der wertvollen Ohrringe aus Alexandras Besitz lösen, um hinter das Geheimnis des Schranks zu kommen? Barg das Rosenhaus Geheimnisse, die zu ergründen eine schwierige Aufgabe bedeutete? War Lulus Verdacht, Elise habe die Mutter von Florentine vergiftet, wirklich nur ein Hirngespinst ihrer Fantasie? Lag in diesem wuchtigen verschlossenen Schrank auf dem Dachboden des Rätsels Lösung verborgen?

Aber als sich gegen Abend die Luft abkühlte und die Dämmerung Schatten auf den Rasen vor dem Haus legte, war der Schrank mit seinem Geheimnis vergessen. Florentine, Lulu und ich saßen auf der blauen Bank im Garten. Plötzlich standen die Nachbarskinder vor uns. Heimlich waren sie durch das Loch im Zaun gekrochen und brüllten »Überfall!«. Von einem Glas Rotwein beschwingt und in Märchenlaune erklärte Lulu:

»Kinder, holt für mich einen Stuhl! Ich bin nicht mehr sportlich genug, um mich zu euch auf den Boden zu hocken.«

Die Kinder bildeten einen Kreis um die Märchenerzählerin, und Lulu verriet mit geheimnisvoll flüsternder Stimme, sie habe soeben einen feuerspeienden rosa Drachen aufs Dach fliegen sehen. »Wenn ihr genau hinschaut und ganz leise seid, könnt auch ihr ihn entdecken. Dort oben sitzt er jetzt und wischt sich den Ärger aus seinen mühlradgroßen gelben Augen.« Mit dramatischer Geste fuhr Lulu fort: »Und dies nur, weil sich ein lila-grasgrüner Frosch in eine grüne Salatkopf-Prinzessin verliebt hat. In die ist nämlich auch der Drache unsterblich verliebt! Jetzt glaubt er hilflos zusehen zu müssen, wie dieses Großmaul seine Salatschönheit bequakt.«

Lulu machte eine Pause, beobachtete die Wirkung ihrer Geschichte bei ihren kleinen Zuhörern und fuhr fort: »Keine Sorge, es kommt ganz anders, als ihr meint, denn plötzlich – schaut mal zum Dach – entdeckt der kleine Drache auf dem Gartentisch eiiinen« – Lulu dehnte das Wort, um die Spannung zu erhöhen, »einen Beerenkuchen* mit Schlagsahne, frischen Erdbeeren und Vanilleeis. Kinder, wenn ihr euch nicht gleich eine Portion davon holt und danke sagt, dann frisst der kleine Drache alles alleine auf.«

»Woher nimmst Du nur diese Bilder?« Florentine blickte ihrer Freundin liebevoll nach. Lulu war aufgestanden und schwankte auf ihren viel zu hohen Schuhen unsicher über die Kieswege zum Goldfischbecken. Vom Mondschein bestrahlt, schimmerte das Wasser opalblau, entfernt quakten die Frösche.

»Sommernächte, Vollmondhimmel, süße Schokolade und alter Rotwein«, flüsterte Florentine sentimental. »Lasst uns den hellen Tag vergessen und seine nüchternen Gedanken, die an diesem Abend keinen Platz haben.«

Der Drache inspirierte Lulu zu einer fantastischen Idee. »Ich finde«, sagte sie – die meisten ihrer Sätze begannen mit ›ich‹ oder endeten mit ›ich‹ – »ich finde, in diesem Rosen-Paradies muss man die warmen Nächte mit allen Sinnen genießen. Was haltet ihr von einem Kostümfest?«

Tante Lulu fühlte sich in ihre Zeit am Theater zurückversetzt und sah sich schon in voluminöser Robe über den Rasen schreiten.

»Ich sehe alles vor mir. Der Garten wird zur Bühne. Die Rosenbüsche bilden die Kulisse. Dein Gartenadonis namens Franz, der dir sonst die Rosen pflegt, trägt weiße Handschuhe und empfängt in Livree die Gäste. Ein Orchester spielt Mozarts ›Kleine Nachtmusik‹. Ich trage, passend zum Abend, aus den Lebenserinnerungen von Giacomo Casanova vor.«

Lulu geriet in Euphorie und benahm sich wie eine Regisseurin, die vorhat, auf einer kleinen Bühne ein großes Stück zu inszenieren.

Beerenkuchen

Für den Teig: 250 g Mehl, 150 g Butter, 80 g Zucker, 1 Ei (oder 2 Eigelb), abgeriebene Schale einer unbehandelten Orange, 1 Prise Salz
Für den Belag: 350 g Crème fraîche, 3 TL Puderzucker, abgeriebene Schale einer unbehandelten Zitrone, 600 g verschiedene Beeren (z. B. Himbeeren, Erdbeeren geviertelt, Blaubeeren), Orangenschalenstreifen

Zunächst aus den Teigzutaten einen Mürbteig kneten. Kalt stellen. Den Backofen auf 180-200 °C vorheizen. Den Teig in eine Springform geben und einen Rand hochziehen. Ca. 20 Minuten goldgelb backen. Anschließend auskühlen lassen.
Für den Belag die Crème fraîche mit Puderzucker und Zitronenschale mischen, auf den abgekühlten Boden schütten und mit dem Obst belegen. Die Streifen der Orangenschale darüberstreuen und den Beerenkuchen kalt stellen.

Florentine hörte schweigend zu, um zuletzt hilflos zu sagen: »Na ja, wenn du meinst, du musst es ja wissen.«

Die Frage nach den Kostümen brachte Florentine auf die Idee, Elise nach der Bühnengarderobe ihrer Mutter zu fragen. Elise hatte sich nach deren plötzlichem Tod um alles gekümmert und das Haus nicht nur bis zur Rückkehr von Florentine aus England verwaltet.

Für Elise war Florentines schöne Mutter eine Halbgöttin gewesen, der sie nicht nur gedient, sondern die sie geliebt und hoch verehrt hatte. Florentine hingegen, die bei ihrer Großmutter und in Internaten aufgewachsen war, hatte ein eher distanziertes Verhältnis zu Alexandra entwickelt. Je länger sie mit Elise unter einem Dach im Rosenhaus lebte, desto mehr ging ihr der Kult, den die Haushälterin um die schöne Sängerin trieb, auf die Nerven.

An jenem Abend, als Lulu sich an der Idee eines Kostümfests begeisterte, war Elise früh die Treppe hinauf in ihre Kammer gegangen. Wir saßen nach dem Abendessen im Garten. Am Alpenkamm im Süden mischte sich ein türkisfarbener Streifen in den gelben Himmel. Warmer Südwind fegte über die Berge. Wenig später färbten sich die Berge tiefschwarz, der Himmel leuchtete petrolblau, und die Bäume verwandelten sich, angestrahlt von der untergehenden Sonne, in eine olivfarbene Kulisse.

Kein Pfeifen einer Amsel, kein Vogelgezwitscher war zu hören, ein unheimliches Schweigen lag in der Luft. Sogar der Hund schien diese Spannung zu fühlen; er drängte sich eng an Florentines Beine. In der Ferne läutete eine Kirchenglocke. »Das bedeutet nichts Gutes«, prophezeite Lulu und flüsterte: »Die Totenglocke, Herr sei seiner oder ihrer armen Seele gnädig. Jemand ist gestorben. Gott gib ihr Frieden.«

Dann bat mich Florentine, nach Elise zu sehen. Sie machte sich Sorgen um die alte Frau. Dabei sollte ich mich scheinbar nebenbei nach dem Verbleib der Bühnengarderobe ihrer Mutter erkundigen.

Ich ging ins Haus, schlich leise die schmale Treppe nach oben – und wunderte mich über den Lichtschein auf dem Speicher, der durch die Ritzen der Holzwände leuchtete, aufflackerte, heller und wieder dunkler wurde. Ich erschrak fürchterlich: Es brannte unterm Dach!

»Feuer, Feuer!«, schrie ich entsetzt. Verzweifelt jagte ich die letzten Stufen hinauf, riss die Türe zum Speicher auf, sah überall Flammen, flackerndes Licht ...

Ich blieb wie angewurzelt stehen. Es waren Kerzen, eine Unzahl von brennenden Kerzen formte auf einem Beet von weißen Nelken ein riesiges Herz. Ich starrte einige Sekunden auf diese Inszenierung, dann drehte ich mich halb im Kreis. Mein Blick fiel auf den Schrank, dessen Türen weit offenstanden. Das Kerzenlicht warf schreckliche Schattenfratzen, Gespenstergesichter an die Holzbalken und Wände und auf einen riesigen Spiegel, der diesen Spuk vergrößert zurückwarf.

Erlag ich einer gespenstischen Halluzination, wurde ich Opfer eines bösen Zaubers, was geschah hier? Ich zitterte und versuchte trotzdem ruhig zu bleiben, zu überlegen, zu begreifen.

Die offenen Schranktüren waren über und über mit Fotografien und Bildern bedeckt. Dicht an dicht zeigten sie in vielen verschiedenen Posen ein Frauengesicht, das ich kannte. Die schöne Alexandra von Livland, Florentines Mutter, privat oder in einem Kostüm aus einer ihrer Rollen.

Auch der Inhalt des Schranks ließ mich staunen. Nach und nach entdeckte ich im Dämmerlicht der Kerzen dicht nebeneinanderhängend üppig gebauschte Kleider und Tücher. Dazu türmten sich im Fach über den Kleidern Hüte, Schachteln, Straußenfedern, künstliche Blumen und ein Teddybär. Das alles konnte doch nur die Bühnengarderobe der berühmten Sängerin sein, staunte ich. Hatte Elise an dieser Stelle alles zusammengetragen, was an Alexandra erinnerte? Hatte sie der Toten hier oben auf dem Speicher, in diesem Schrank, eine Art Altar errichtet? Zelebrierte sie mit dieser Unzahl von Kerzen und Nelken eine Gedenkstunde für ihre Angebetete?

Ich machte einige Schritte, um noch genauer sehen zu können. Ein Lehnstuhl, halb vor den Schrank gerückt, verdeckte mit seiner hohen Rückenlehne teilweise den Blick in sein Inneres. Ich fragte mich, wo Elise war. Sicher war sie es, die diesen Zauber hier veranstaltete. Es kam mir alles so gespenstisch vor.

Besorgt fragte ich mich, was ich vorhin im Garten getrunken hatte. Ein Glas Rotwein, vorher eine Tasse Tee, von Elise zubereitet.

Mit Schrecken dachte ich an das Gewürzglas in der Küche, an die ›italienischen Kräuter‹ mit den drei Ausrufezeichen. Hatte sie ihren Wohlfühltee damit verwechselt, hatte sie mir etwas in den Tee gemischt?

Nein, ich träumte dies alles nicht, war nicht in einen Hexenkreis getreten und auch nicht vergiftet worden. Es war die Wirklichkeit, die ich vor mir sah.

Vorsichtig und neugierig beugte ich mich über die Rückenlehne des Sessels. Lässig entspannt, leicht nach hinten gelehnt, saß da eine Frau. Sie schien zu schlafen. Gekleidet in ein gerüschtes und gebauschtes, mit Spitzen verziertes Kleid, hätte sie direkt der Zeit des Biedermeier entstammen können. Wer war sie?

Ihre Hände lagen ineinander gefaltet auf ihrem Schoß, und ihr Gesicht umrahmten lange blonde Locken, die sich über ihre Schultern ringelten.

Langsam wurde es dunkler um mich herum. Einige der Kerzenflämmchen versanken im Wachs. Zögernd ging ich näher auf die Frau zu und erkannte, trotz der Maskerade, Elise. Sie starrte mit leeren Augen auf den Schrank.

Das Geräusch von Schritten, die die Treppe heraufpolterten, zerriss den Bann des Schreckens, der mich gelähmt hatte. Tante Lulu war auf der Suche nach mir. »Was ist den hier los?«, rief sie. Sie drehte am Schalter, und das elektrische Licht ging an. Kalt und hart beleuchtete es die Szene und fiel auf Elises starres Gesicht.

»Wer auch immer dieses Theater veranstaltet, die Dame, die hier sitzt, ist tot«, erklärte Lulu mit Blick auf den Sessel. Dann stellte sie fassungslos fest: »Das ist ja Elise. Oh Gott, diese arme Person, zwischen all dem Plunder und mit Alexandras Perücke, in einem ihrer Kleider. Gespenstisch, wie im Theater, als ich noch die großen Rollen spielte!«

Lulu plapperte wie eine aufgezogene Puppe. Das war ihre Art, mit dieser Fassungslosigkeit fertigzuwerden. »Sie hat sich umgebracht, hat den Tod von Alexandra nie überwunden und ist ihr nun gefolgt.«

»Das hätte ich ihr niemals zugetraut«, flüsterte ich erschüttert. Ich schwieg über meine Entdeckung, das Gewürzglas mit den drei Ausrufezeichen in der Küche.

»Unsere gute Elise hat in ihrem Leben immer nur gedient, sie hatte es nicht verdient, dass ich sie derart verdächtigt habe«, begann Lulu zu jammern.

In diesem Augenblick hörten wir Florentines Stimme hinter uns: »Nun hat sie endlich ihren Frieden gefunden und ist hoffentlich wieder mit meiner Mutter vereint.«

Die Hausherrin hatte sich ebenfalls auf die Suche nach uns gemacht und Lulus letzte Worte gehört. Es fiel ihr schwer, die Fassung zu bewahren, als sie hinzufügte: »Ich ahnte schon lange, dass sie mit giftigen Substanzen experimentiert. Aber dass sie so weit geht und sich selbst umbringt? Hätte ich es verhindern können? Egidius hatte mit seiner Warnung recht. Ich hätte mich mehr um sie kümmern müssen. Elise war immer für mich da, so selbstverständlich. Ich bin nicht auf die Idee gekommen, dass auch sie vielleicht mich oder uns gebraucht hätte. Nun ist es zu spät. – Lassen wir sie so, bis der Totenschein ausgestellt wird«, bat Florentine und fügte hinzu: »Sie wollte wie Alexandra sein. Ihr Schicksal hat sie mit einer kleinen Nebenrolle besetzt, nun spielt sie die Hauptrolle.«

Lulu beugte sich über die Tote, schloss ihr die Lider und mühte sich, ihre verkrampften Hände zu lösen, um ihnen etwas zu entwinden. »Das Gift des Eisenhuts«, flüsterte sie beklommen und hielt ein Fläschchen gegen das Licht. »Sie hat sich tatsächlich das Leben genommen, heute, am Todestag von Alexandra.«

Elises Hände umklammerten noch etwas Anderes.

»Die Ohrringe!« Im Tonfall von Lulu war die Aufregung über diesen Fund kaum zu überhören. Sie starrte staunend auf die Schmuckstücke, deren Steine im Licht glitzerten. »Elise hat die Ohrringe also doch an sich genommen und in all den Jahren nie ein Wort darüber verloren!«, folgerte Lulu.

Dann nahmen wir stumm Abschied von Elise. Ein entspanntes Lächeln umspielte den Mund der Toten, so als wollte sie sagen: »Ich bin jetzt in einer anderen Welt, ihr erfahrt nichts, und wenn ihr noch so neugierig danach fragt!«

Das Geheimnis um den verschlossenen Schrank hatte sich gelöst. Das Gespenst mit seinem Geruch nach Nelken und Zimt würde nie mehr durchs Haus schweben. Und die teuren Blumen auf Alexandras Grab? Und welches andere Geheimnis nahm Elise noch mit in den Tod? Das Rätsel, wie Alexandra gestorben war, blieb ungelöst, und nun es war es unwiderruflich zu spät, um danach zu forschen.

Der Hausarzt, den wir verständigt hatten, bescheinigte, dass Elise eines natürlichen Todes gestorben war. Das ersparte Florentine eine Menge Ärger.

Der bürokratische Ablauf füllte die Tage bis zur Beerdigung aus. Wir bestatteten Elise neben Alexandra, so feierlich, wie sie es sich gewünscht hatte. Jemand legte ihr weiße Nelken auf den Sarg, und wir rätselten, wer es gewesen sein mochte. Egidius Moosgräber bekam ein Sterbebild. Er würde künftig bei seinem jährlichen Gräberbesuch auch für Elise beten.

Ungelöste Rätsel

REZEPT
ZWETSCHGENPAVESEN · S. 134

Hans-Hugo Vogelsang, verwitwet, alleinstehend und pensionsberechtigt, kümmerte sich in dieser Zeit rührend um Florentine. Der überraschende Tod von Elise hatte sie sehr mitgenommen. Hans-Hugo, laut Lulu Florentines grüner Rosenkäfer, schlug deshalb einen kleinen Ortswechsel vor. Er drängte Florentine, mit ihm nach Mainfranken zu reisen. Das griff Lulu sofort auf und erklärte, sie würde die Gesellschaft mit dem Frosch kutschieren.

»Nach Würzburg wollte ich schon längst mal wieder. Wir übernachten im Hotel am Rebstock«, bestimmte sie, ohne dass sie jemand darum gefragt hätte. Dann verkündete sie, sie werde ihr neues Auto, Frosch Nummer zwei, auf der Autobahn mal ordentlich ausfahren. »Der bringt gute 180 Sachen auf den Tacho«, meinte sie überzeugt.

Das veranlasste meinen Vater zu der Bemerkung: »Du hebst noch ab und fliegst nach Mainfranken.« Grinsend erkundigte er sich: »Hast du eigentlich schon die Bremse an deinem neuen Wagen entdeckt und eine Insassenversicherung abgeschlossen?« Wenn mein Vater mit Lulu zusammen war, konnte er es nie lassen, sie ein wenig zu frotzeln.

Aber die Tante war um eine Antwort selten verlegen: »Ich habe einen Vertrag mit meinen Schutzengeln geschlossen!«

Florentine wollte die zweite Rosenblüte nicht verpassen und war daher bemüht, die Fahrt nach Franken ein wenig hinauszuschieben. »Wer soll den Hund in der Zwischenzeit versorgen? Er braucht seine täglichen Streicheleinheiten und Ansprache. Ich kann ihm doch nicht das Radio zur Unterhaltung anlassen«, jammerte Florentine.

Es stimmte tatsächlich: Mopsi, auch wenn man das bei ihm nicht vermutet hätte, trauerte jedes Mal, wenn Florentine nur zwei Tage weg war. Zeitweilig weigerte er sich zu fressen, rollte sich in sein Seidenkissen und verschlief den Tag. Doch auch für den Hund hatte Florentines Verehrer, Hans-Hugo, gesorgt. Durch seine Vermittlung hatte Franz, Florentines Gärtner, eine Anstellung bei der Gemeinde gefunden, die ihm nach Feierabend noch genügend Zeit ließ, um sich um Florentines Rosen zu kümmern. Der junge Mann versprach den Briefkasten zu leeren, im Haus zu schlafen und den Hund zu füttern. Mithilfe seiner Freundin wollte er in der Zwischenzeit sogar den Schuppen entrümpeln und die dort noch lagernden Kräuter aus Elises Sammlung entsorgen.

Florentine, Meisterin in der Erfindung von Ausreden, zögerte die Fahrt nach Franken nochmals hinaus. Diesmal war es ein merkwürdiges Päckchen samt einem Brief, das den Beginn der Reise verhindert. Beides entdeckte sie in einer Schublade in der Küche. Für Marie, stand in Elises Handschrift auf dem verschlossenen Umschlag. Wer war Marie?

Endlich machte sich die kleine Reisegruppe doch auf den Weg. In Florentines Abwesenheit erledigte Franz die anfallenden Gartenarbeiten und vernichtete sämtliche Giftpflanzen einschließlich des dunkelblau blühenden Eisenhuts.

Elises mysteriöser Tod hatte bei Florentine erneut lang verschüttete Fragen nach dem ungeklärten Tod ihrer Mutter aufgewühlt. Zumal unter dem Lehnstuhl, auf dem ich die tote Elise entdeckt hatte, eine Tasse mit dem Rest einer grün schillernden Flüssigkeit stand.

Durch Florentines Alpträume, die sie Nacht für Nacht um den Schlaf brachten, geisterte eine Geschichte, die sich angeblich zur Zeit des Spanischen Erbfolgekriegs im Elsass zugetragen hatte. Österreichische Soldaten hatten ein kleines Dorf überfallen und dabei die vier Kinder einer Bauernfamilie umgebracht. Aus Rache bereiteten die unglücklichen Eltern eine Suppe zu, in der sie einige Blätter des Blauen Eisenhuts mitkochten. Die hungrigen Soldaten, von ihnen zum Essen eingeladen, starben kurz drauf auf erbärmliche Weise. Legende oder Wahrheit?

Diese Geschichte ließ Florentine nicht los, die Baronin verband sie gedanklich mit Elise.

Zwetschgenpavesen

Ca. 250 g eingekochtes Zwetschgenmus, 1 Msp. Zimt, 1 TL Rum, 8 Scheiben Toastbrot, etwas Milch, Zwetschgenmus, 1 Ei, Semmelbrösel, 2 EL Butter, brauner Zucker zum Bestreuen (nach Belieben)

Zwetschgenmus mit Zimt und Rum vermengen und erhitzen. Toastbrote mit der Milch anfeuchten, mit Zwetschgenmus beschmieren und aufeinanderlegen. Mit Ei und Semmelbröseln panieren. Die Butter in einer Pfanne zerlassen und die Pavesen darin herausbacken. Zum Servieren nach Geschmack mit braunem Zucker bestreuen.

Welches Gebräu hatte die Haushälterin bewusst, oder auch versehentlich, vor ihrem Tod getrunken? Enthielt es Blätter oder einen Wurzelauszug mit dem Gift des Eisenhuts?

Das konnte nicht mehr geklärt werden. Lulu hatte die Tasse mit dem Rest der grün schillernden Flüssigkeit voreilig und in Unkenntnis, was es damit auf sich hatte, mit dem anderen schmutzigem Geschirr abgespült und aufgeräumt.

Das Licht der Sonne verlor seine strahlende Kraft. Die Stare sammelten sich und flogen in Formation davon. Es war Ende August geworden, in die Melodie des Sommers mischten sich Töne der Melancholie. Schon wurden die Tage kürzer. Abendnebel stieg von den Wiesen auf. Die Linde an unserem Haus ließ die ersten Blätter fallen.

In den fein gesponnenen Spinnennetzen schillerten im Licht der Sonnenstrahlen Wassertropfen wie Ketten feiner Perlen. Das waren die Juwelen, mit denen sich der Sommer als Altweibersommer verabschiedete. Wir schüttelten die Birnen vom Baum und pflückten rotbackige Äpfel. Von dem Erntesegen des Zwetschgenbaumes wurde auch Tante Lulu versorgt, und die Nachbarn bekamen ebenfalls einen Anteil. Der Rest wurde samt den Birnen zur Schnapsbrennerei gebracht.

Großmutter Elfriede hat Geburtstag

Rezept
Erdbeerbowle · S. 136

Großmutter Elfriede wurde im nächsten Frühjahr achtzig. Wir planten ihr zu Ehren ein Fest und schrieben Einladungen an Freunde und Verwandte. Nervöse Unruhe breitete sich aus. Dazu kam, dass wir noch mit den letzten Erntearbeiten beschäftigt waren. Da wir selbst kein eigenes Getreide anbauten, mussten wir von einem Bauern in der Nähe von München auch noch einige Fuhren Stroh holen. Und auf der Alm, auf der unser Jungvieh den Sommer über weidete, waren wir auch schon länger nicht mehr gewesen.

Erdbeerbowle mit Holunderblüten

5 Holunderblütendolden, 4 EL Holunderblütensirup, 1 unbehandelte Zitrone, 2 Flaschen Weißwein, 2 EL Zucker, 300 g Erdbeeren, 10 Minzeblättchen, 1 Fl. Sekt

Die Holunderblüten gut ausschütteln und zusammen mit dem Sirup, der in Scheiben geschnittenen Zitrone und 250 ml Weißwein in ein Bowlegefäß geben. Etwa 2 Stunden kühlen. Gezuckerte, mundgerecht zerschnittene Erdbeeren und die Minzeblättchen untermischen und mit dem Sekt und dem restlichen Wein auffüllen.

Lulu, wie immer von meinem Vater liebevoll als verrücktes Huhn betitelt, gackerte besonders hektisch herum. Sie kam öfter als gewohnt mit dem Frosch auf den Hof gebraust und redete von Kuchen und kleinen Leckereien. Im Übrigen machte sie jede Menge sinnlose Vorschläge, die niemand ernst nahm.

Der große Tag rückte heran. Unser Dackel war beleidigt, weil sich in der ganzen Hektik niemand um ihn kümmerte, und versteckte sich im Schuhschrank. Meine Mutter suchte lange vergeblich nach ihrem Liebling und verkündete am Ende, nun wäre sie nicht mehr in der Stimmung, um zu feiern. Meine Großmutter Elfriede zog sich in ihr Zimmer zurück und erklärte, sie wolle nur noch ihre Ruhe haben.

Mein Vater meinte irritiert: »Typisch Frauen! Erst planen sie ein Fest, ohne mich zu fragen. Dann geben sie dafür sinnlos Geld aus, das wir Männer mühsam verdienen. Und wenn ihnen alles zu viel wird, sollen wir – in diesem Fall ich – den Karren wieder aus dem Dreck ziehen. Zuletzt bleiben Arbeit und Verantwortung doch wieder an uns Männern hängen – in diesem Fall an mir.«

Es wurde ein heiteres Fest. Mein Vater vergaß seinen Vorsatz, bald zu Bett zu gehen, und feierte bis in die frühen Morgenstunden, wobei er besonders von der Erdbeerbowle* mit Früchten trank. Anschließend schlief er seinen Kater aus.

Tante Lulu wirkte am Morgen danach ein wenig überdreht und erschöpft. Die komödiantisch begabte Schauspielerin hatte sich mit einem Gedicht selbst übertroffen. Dem Ganzen setzte sie kurz nach Mitternacht noch die Krone auf. Leicht angesäuselt gab sie als frivole Zugabe ein schlüpfriges Chanson zum Besten und wippte dabei mit den Hüften. Großmutter Elfriede, die nur die Hälfte davon verstanden hatte, meinte: »Wenn das dein guter Edi wüsste.« Und sie ließ eine kleine Spitze folgen: »Er hat von Deiner Schauspielkunst nie viel gehalten. Hoffentlich dreht er sich jetzt nicht im Grab um!« Hatte sie doch mehr verstanden, als sie zugeben wollte?

Schleppend ergriff der Alltag wieder von uns Besitz. Die letzten Verwandten waren an die Bahn gebracht. Mein Vater kommentierte Tage später mit gewisser Erleichterung: »Es war ja ganz nett, alle mal wiederzusehen. Wie heißt es so treffend im Gedicht von Wilhelm Busch?«

Es ist halt schön,
wenn wir die Freunde kommen seh'n.
Schön ist es ferner, wenn sie bleiben
und sich mit uns die Zeit vertreiben.
Doch wenn sie schließlich wieder geh'n,
ist's auch recht schön.

Noch war nach den unruhigen Tagen, die Großmutter Elfriedes Geburtstagsfeier mit sich gebracht hatte, die gewohnte Ordnung im Haus nicht wiederhergestellt.

Die Gästebetten wurden abgezogen, das gute Geschirr verschwand in den Tiefen des Barockschranks, wo es bis zum Weihnachtsfest verstauben würde. Großmutter zählte zur Sicherheit das silberne Besteck und stellte empört fest, dass ein Teelöffel fehlte.

Danach erklärte sie, jetzt sei sie völlig erschöpft und sehne sich nur noch danach, in die Welt ihrer Erinnerungen und Fantasien einzutauchen. »Das ist das Vorrecht des Alters, ein wenig zu träumen, nach rückwärts zu schauen und zu ruhen.«

Bevor sie sich in ihre Räume zurückzog, machte sie mit Lulu und mir noch einen Rundgang über den Hof und durch den Garten. Wir umrundeten einige der knorrigen Apfel- und Birnbäume, deren Alter man nur schätzen konnte. Tante Lulu betrachtete die schief und krumm gewachsenen Obstbäume.

»Hier auf diesem mageren Boden wächst hauptsächlich Gras. Wenn sie nicht im Frühjahr ihrer Blüten wegen wichtig für die Bienen wären, müsste man die Bäume umsägen«, meinte Elfriede kritisch. »Gute Obstsorten, wie sie im milden Klima des Rheingaus gedeihen, haben bei unserem rauen bayerischen Wetter wenig Chancen.«

Tante Emilie

Rezept

Holunderblütengelee ›Zwergenglück‹ · S. 145

Überraschend und unangemeldet stand plötzlich Tante Emilie, Großmutter Elfriedes Jugendfreundin, samt Koffern, Taschen und einer Hutschachtel vor unserer Haustüre.

»Emilie! Die hat mir gerade noch gefehlt.«

Der Schreckensschrei meiner Mutter verklang ungehört. Die alte Dame, die schon mehrfach bei meinen Eltern zu Gast gewesen war, ließ sich auf den nächsten Stuhl fallen. Liebevoll, aber energisch erklärte sie, sie wolle ihrer lieben Freundin Elfriede auch noch zum Achtzigsten gratulieren. Außerdem habe sie uns alle so lange nicht mehr gesehen, »und bevor ich sterbe, habe ich mir vorgenommen, einige Tage bei euch zu bleiben.«

»Ob das stimmt, bei dem Gepäck«, flüsterte mein Vater.

»Falls Euch mein Überraschungsbesuch nicht passt, verständige ich meinen Chauffeur, damit er mich wieder abholt«, erklärte Emilie lautstark, worauf meine Mutter etwas zu liebenswürdig einlenkte: »Jetzt bist du hier und uns willkommen.« Wie die gute Fee aus dem Märchenland zauberte die Tante aus ihrem Gepäck für uns die köstlichsten Marmeladen und. Diese großzügigen Gastgeschenke versüßten uns ihren Besuch.

Emilie, leicht schwerhörig, aber trotz ihres Alters mit ungebrochenem Lebensmut, bezog das schönste Gästezimmer. Wir mussten ihr das Frühstück ans Bett bringen, und der Hund durfte nicht in ihrer Nähe sein. Sie vertrug keinen Widerspruch und belehrte uns: »Energie ist das Lebenselement, um etwas zu erreichen. Schreibt euch das alle hinter die Ohren.« Dabei schielte sie zu unserer Mutter, die uns, obwohl meine Schwester und ich fast erwachsen waren, immer noch gerne verwöhnte. »Man muss Kinder streng erziehen, sonst sind sie für den Kampf des Lebens nicht gerüstet.«

»Für welchen Krampf?«, fragte meine Schwester arglos, sie hatte nicht richtig zugehört.

»Haltet bloß euren Mund«, ermahnte uns die Mutter einige Zeit, nachdem unser Gast zu Bett gegangen war und lautes Schnarchen aus seinem Zimmer erklang.

»Kann man's wissen? Vielleicht denkt sie darüber nach, uns etwas zu vererben. Schließlich ist sie mit Reichtum gesegnet, kinderlos und uns dem Anschein nach sehr zugetan«, sinnierte mein Vater.

»Emilie ist die Jugendfreundin eurer Großmutter, das verbindet. Sie besitzt beträchtliche Anteile an einer der größten deutschen Marmeladenfabriken. An ihr klebt der Fruchtzucker – und auch genügend Geld«, meinte Lulu, die täglich mit ihrem Frosch auf den Hof knatterte. Sie fand Tante Emilie amüsant.

»Wenn sie schon mal da ist, werden wir Emilie einige unterhaltsame Tage bereiten«, bestimmte mein Vater. »Vielleicht öffnet sie ihren Geldsack dann leichter und greift für uns hinein. Schließlich hat sie keine Kinder, wer wird ihr Vermögen erben?«

Zwar hätte mein Vater dringende Arbeiten erledigen müssen, zur Verstimmung meiner Mutter nutzte er jedoch jede sich bietende Gelegenheit, um diese zu verschieben. Er vergaß sogar, seiner geliebten Damaszener Rose etwas Pferdemist unter die Erde zu graben. Der Kaffeesatz gegen die Blattläuse landete auf dem Komposthaufen, und der Einkauf von Lavendel zur Unterpflanzung wurde auf später verschoben.

Stattdessen unternahm mein Vater mit den Damen Emilie, Elfriede und Lulu Ausflüge in die weitere Umgebung. Meist kam das Gespann erst gegen Abend leicht angeheitert zurück. Lulu hatte sich zur Fremdenführerin aufgeschwungen und kutschierte ihre ›Fracht‹, wohin diese es wünschte. In schnellem Tempo fuhr sie nach Reichenhall, verführte die Gesellschaft zu einer Schifffahrt über den Chiemsee und schleppte Emilie und Elfriede auf den Wallberg, damit sie den Blick auf den Tegernsee genießen konnten. Selbstverständlich rastete das Trio in Begleitung meines Vaters bei diesen Ausflügen auch in behäbigen alten Dorfgasthöfen, was Emilie sichtlich genoss. Zu Schweinsbraten und Bier ließ sie sich von meinem Vater einladen, und das Schnäpschen hinterher stiftete Lulu.

Emilie verschob ihre Abreise von einem Tag auf den anderen und erklärte: »In eurer Gesellschaft fühle ich mich wieder jung und lebensfroh.«

Es war im Seecafé in Tegernsee. Emilie hatte sich mit Kaffee, Kuchen und, genötigt von Lulu, mit einige Gläschen Eierlikör gestärkt. Nun endlich erklärte sie geheimnisvoll, sie habe nachgedacht.

»Mit warmen Händen«, begann sie rührselig, »und aus Dankbarkeit besonders deiner verständnisvollen Fürsorge wegen« – dabei tätschelte sie leicht die Hand meines Vaters – »ist es wohl sinnvoller, etwas zu verschenken, als undankbaren Erben, die es bestimmt nicht verdienen, mein Vermögen zu hinterlassen.«

Als Emilie im Gästezimmer wieder selig schnarchte, sprach die Familie über sie.

Großmutter Elfriede jubilierte: »Meine herzensgute Freundin. Ich hab's doch geahnt, dass sie mit uns über ihr Vermögen sprechen will. Was ist, wenn sie tatsächlich nicht mehr lange zu leben hat?«

Mein Vater überlegte: »Wer weiß, ob sie es ernst meint, ob sie uns tatsächlich etwas vermacht? Das Geschenk eines großzügigen Geldsegens käme uns sehr gelegen. Der Traktor ist kaputt, wir könnten längst fällige Reparaturen am Haus in Auftrag geben, und ich würde mir zu gerne noch einige Rosen kaufen.«

»Warten wir es ab«, meinte die Mutter skeptisch. »Wer so viel Geld besitzt wie die liebe Emilie, darf auch darüber nachdenken, was er damit macht. Vergesst den Spruch nicht: ›Bei reichen Leuten kann man das Sparen lernen.‹«

Nach einer weiteren Woche sprach Emilie wieder von ihrer Abreise und bestimmte endgültig den Tag. Noch immer waren wir uns nicht sicher, ob es bei der bloßen Ankündigung einer Schenkung bleiben würde oder ob sie es ernst gemeint hatte. Aus ihrer Bemerkung, sie habe nachgedacht, ließ sich nichts Konkretes ableiten, es blieb offen, was sie damit sagen wollte.

Auch wenn sie davon sprach, meine Eltern, meine Schwester und ich müssten sich ihren Lebensunterhalt verdienen, klang das rätselhaft und ungenau.

»Vielleicht schenkt sie uns einen Lastwagen, voll mit Marmelade«, überlegte ich und sah mich schon auf dem Wochenmarkt sitzen und Glas für Glas verkaufen.

Emilie, die meine Bemerkungen trotz ihrer leicht tauben Ohren gehört hatte, lächelte säuerlich. »Kind, das wäre ein Geschenk von kurzer Dauer. Ich wünsche mir, dass ihr mich lange in Erinnerung behaltet.«

Ergriffenes Schweigen machte sich breit.

»Du gute Seele«, huldigte Elfriede ihrer Freundin Emilie und eilte in den Garten. Zum Entsetzen meines Vaters schnitt sie die ersten Blüten der Rose ›Duc de Cambridge‹ ab und beschenkte Emilie damit. Ein sinnloses Opfer, denn diese fing zu niesen an, rang nach Luft und hauchte jammernd, auf Rosen reagiere sie allergisch.

Kurz vor der endgültigen Abreise der Marmeladen-Tante ratterte ein Lastwagen auf unseren Hof. Gleichzeitig bog der schwere Mercedes, die Staatskarosse von Emilie, um die Ecke. Beflissen verstaute der Chauffeur die Hutschachtel und diverse Taschen im Kofferraum. Dann legte er fürsorglich eine Decke für die alte Dame bereit. Anschließend wartete er ebenso geduldig wie wir, bis sich Elfriede und Lulu von Emilie verabschiedet hatten.

Es dauerte! Neugierig starrten wir auf den voll beladenen Laster, dessen Fahrer ebenso auf etwas zu warten schien.

Dann eilte Emilie mit weit ausgebreiteten Armen, als wollte sie die Welt umfassen, auf uns zu. Sie strahlte meinen Vater an und bat um seinen Arm. In seiner Begleitung stolzierte sie auf den Lastwagen zu.

»Hier, ihr Lieben, ist mein Geschenk, das eure Zukunft sichert. Denn mit Landwirtschaft kann man nicht reich werden.«

Sie gab dem jungen Mann, der inzwischen aus dem Führerhaus geklettert war, ein Zeichen. Mit Schwung begann er, leicht begrünte Bäumchen abzuladen. Die Wurzeln und die dünnen Stämme waren mit Jutesäcken umwickelt.

»Apfel- und Birnbäume, Zwetschgen und Kirschen, das war die Grundlage der Existenz meiner Großeltern, wovon ich heute noch profitiere«, erklärte Emilie und blickte stolz in die Runde. Feierlich sprach sie:

»Schon in jungen Jahren begann meine Großmutter auf dem Küchenherd Marmelade zu kochen und diese auf dem Markt in Mainz zu verkaufen.« Sie deutete auf den großen Mercedes. »Ihr seht, was sich daraus mit sehr viel Fleiß entwickelt hat. Ihr habt jetzt durch mich dieselbe Chance, mit viel Fleiß in Zukunft reich zu werden. Den Grundstock für eine Marmeladenfabrik, also für eine gesicherte Existenz, möchte ich für euch mit diesen Bäumen legen. Vergesst nicht, Süßes mögen die Menschen immer, das verkauft sich!«

Sie blickte meinen Vater streng an. »Rosen zu pflegen und zu sammeln ist etwas für Rentner, die ihr Vermögen bereits gemacht haben. Das wirft kein Geld ab, und im Café am See verplemperst du nur deine wenigen Kröten. Auch das kostet. Es war nicht nötig, mich zum Essen ins Lokal einzuladen. Wie viele Damaszener Rosen wirst du dir leisten können, wenn ihr so weiterwirtschaftet.« Emilies Blick wurde noch strenger: »Ich schlage vor, du kümmerst dich von jetzt ab mehr um diese Bäume und erntest im Herbst das Obst. Das Holunderblütengelee*, das ihr immer kocht, könnt ihr ja mit ins Sortiment nehmen.«

Holunderblütengelee ›Zwergenglück‹

*Mindestens 15 (besser mehr) frisch gepflückte Holunderblüten,
1 l naturtrüber Apfelsaft, 1 l Orangensaft, 1 unbehandelte Limette oder Zitrone,
2 TL reines Rosenwasser (aus der Apotheke), Gelierzucker 2:1*

*Holunderblüten mit naturtrübem Apfelsaft und Orangensaft übergießen, sodass sie bedeckt sind. Über Nacht an einem kühlen Ort ziehen lassen.
Am nächsten Tag den Saft abseihen und auffangen. Die Blüten in einem sauberen Geschirrtuch kräftig auspressen. Limette oder Zitrone dünn abschälen (ohne das innere Weiße) und die Schale in feine Streifen schneiden, anschließend den Zitrussaft auspressen und zum abgeseihten Saft geben. Alles zusammen mit dem Rosenwasser in einen Topf geben und nach Packungsanweisung mit Gelierzucker aufkochen. In ausgekochte, saubere Schraubgläser abfüllen. 10 Minuten auf den Kopf stellen, danach umdrehen. Fertig!*

Nach dieser Rede bestieg Emilie ihr teures Auto, winkte huldvoll zum Abschied und ließ sich von ihrem Chauffeur zurück ins Rheinland kutschieren, wo die Natur alles üppiger wachsen lässt, die Obstbäume in reicher Fülle süße Früchte tragen und sich die Marmeladentöpfe füllen.

Mit den kümmerlichen Äpfeln, die wir im Herbst ernteten, und den Holzbirnen, die uns ein alter Birnbaum schenkte, ließ sich kein Marmeladentopf füllen. Und die rot und reif verführerisch an den Sträuchern hängenden Johannisbeeren waren so sauer, dass sie den Zucker nicht wert waren, den wir fürs Gelee gebraucht hätten. Sogar die Vögel lehnten diese reichliche Kost ab und hielten sich an den Holunderbeeren schadlos.

»Mit einer Marmeladenfabrik würden wir sofort pleitegehen. Die gute Emilie wird zwar tief enttäuscht sein. Aber daraus wird nichts! Hoffentlich denkt sie noch einmal lange nach und es fällt ihr etwas Sinnvolleres zu unseren Gunsten ein«, schmunzelte mein Vater und knackte eine frische Walnuss auf.

Zu unser aller Freude schenkte uns stattdessen der Nussbaum in diesem Jahr eine Früchtelast, die wir dem riesigen, alten Prachtexemplar nicht mehr zugetraut hätten. Wir sammelten Körbe voll Nüsse. Lulu sprach von Nusslikör, Obstsalat mit Datteln und Walnüssen, mein Vater pries die ›Gehirnnahrung‹.

Und Lulu meinte: »Gehirnnahrung! Die könnte meine liebe Freundin Florentine gebrauchen! Bisher hat sie weder die Briefe ihrer Mutter gefunden noch herausgefunden, wer Marie ist.«

Der Sarg

Es wurde Herbst, auf den Bergen lag der erste Schnee, Nachtfröste legten Raureif über die Wiesen und zauberten glitzernde Kristallsternchen auf Äste und Zweige. In den Zeitungen wurde von ersten Grippefällen berichtet, viele steckten sich an und bekamen eine Influenza. So auch Tante Lulu.

»Ich werde sterben«, verkündete sie und bat mich, Anne, die Freundin des Gärtners Franz anzurufen und sie nach einer bestimmten Medizin zu fragen. Die junge Frau war nach ihrem Studium Apothekerin geworden und lebte jetzt zusammen mit Franz in Florentines Haus.

Elises Verwandte, zu denen sie über die Jahre seltenen Kontakt gehalten hatte, waren sofort nach der Beerdigung gekommen und hatten sämtliche Sachen der Haushälterin an sich genommen. Das Himmelbett, zerlegt, in einen Kombi gepackt, sah plötzlich schäbig aus. Der verschlissene seidene Himmel, achtlos darüber geworfen, verlor den Märchenglanz meiner Kindertage. Mir schien erst jetzt der Abschied von Elise endgültig. War er das wirklich?

Auf dem Grab von Alexandra und Elise lagen teure weiße Nelken aus San Remo.

Bei einem meiner Besuche im Hexenhaus deutete Lulu kraftlos auf einen ungeöffneten Brief mit ausländischer Briefmarke.

»Mach ihn auf, ich möchte, dass du dich darum kümmerst«, hauchte sie. Eine Importfirma, die mit philippinischem Kunsthandwerk handelte, bestätigte darin die Lieferung einer zwei Meter langen Truhe, gefertigt aus Pappmaschee und überzogen mit traditioneller Lackarbeit. Die Zahlung habe bei Lieferung zu erfolgen, da größere Kosten entstanden seien. Wunschgemäß habe man die Truhe auf himmelblauem Grund mit weißen Nelken und rosa Rosen bemalen lassen.

»Wieso schickt man dir von den Philippinen eine derartige Truhe?«, erkundigte ich mich erstaunt, ja ratlos.

»Ich habe mir einen fröhlich bemalten Sarg bestellt, damit ihr mich anständig beerdigt und die Blumen spart«, krächzte schwach Lulu und erklärte mit gewisser Dramatik: »Ich werde bald sterben.« Ebenso dramatisch bat nun ich, sie solle damit doch noch ein wenig warten. Außerdem sei ihr Sarg ja noch nicht einmal angeliefert! »Wenn ich aber nicht sterbe, was mache ich dann mit dem Sarg? Abbestellen kann ich ihn ja auch nicht mehr«, überlegte Lulu und meinte: »Wenn ich diesen Schnupfen wirklich überlebe, werde ich auch noch hinter Florentines und Elises Geheimnis kommen. Beide haben uns etwas verschwiegen, ich weiß nur noch nicht, was.«

Da war es wieder, das alte Thema, der angebliche Mordfall, der sie seit Jahrzehnten beschäftigte; vielleicht ihr Lebenselixier, das sie am Leben erhielt?

Lulus Tristesse dauerte zu unserer Erleichterung nur kurz. Als Zeichen ihrer Genesung durfte man werten, dass sie ihre rasanten Autofahrten mit dem ›Frosch‹ wieder aufnahm. Dabei übersah sie die Vorfahrt und krachte mit einem kleinen Traktor zusammen, der Gott sei Dank so langsam fuhr, dass sie mit dem Schrecken davonkam.

Bei dem Zusammenprall kippte der Anhänger des Traktors um. Eine Gitterbox krachte auf die Straße. Die Klappe öffnete sich, und laut schnatternd flüchteten zehn Enten über die angrenzende Wiese hinunter zur Mangfall und schwammen davon.

Lulu watschelte, um sie wieder einzufangen, mit wehenden Röcken bis zum Ufer hinterher. Der Bauer aber blieb fluchend bei seinem vorsintflutlichen Traktor stehen und weigerte sich, die Polizei zu holen. Was für beide von Vorteil war, denn Lulu hatte vergessen, ihre Brille aufzusetzen, und der Bauer besaß keine Erlaubnis, mit seinem Tucktuck auf einer öffentlichen Straße zu fahren.

Nach dieser Aufregung fand Lulu endgültig zu ihrer alten Lebensfreude zurück.

Marie

Rezept
Rhabarbercreme › S. 152

An einem der späten Sonnentage, bevor uns der Winter überraschte, waren Lulu und ich wieder zu Gast bei Florentine. Wir saßen im Garten bei der blauen Bank. Über uns schaukelte die Ramblerrose mit dem Hut, der inzwischen sehr zerzausten ›Rose Kolossalis‹, im Wind. Franz kam mit seiner Freundin Anne über den Kiesweg auf uns zu und erklärte strahlend, dass er und Marie im kommenden Frühjahr heiraten wollten.

Marie? Hatte er sich von Anne getrennt? Fragend sahen wir ihn an.

Florentine war die Erste, die reagierte. Tante Lulus Neugierde schien ungebremst. Franz schaute wiederum uns verständnislos an. »Ich liebe meine Annemarie und würde nie eine andere Frau heiraten wollen«, erklärte er naiv.

Jetzt schwirrten unsere Worte durcheinander. War Annemarie die Marie, nach der Florentine suchte? Damit löste sich das Rätsel, wen Elise mit ihrem Brief ›an Marie‹ bedacht hatte. Die Apothekerin war noch mitten im Studium gewesen, als Elise sie durch Franz kennenlernte. Abends, wenn es niemand beobachtete, traf sie sich mit ihr im Schuppen. Mit der jungen Frau konnte Elise sich über Pflanzen und deren heilenden Wirkung austauschen. Sie beauftragte Annemarie außerdem, durch eine Münchner Friedhofsgärtnerei an gewissen Gedenktagen Nelken auf Alexandras Grab legen zu lassen, und gab ihr das nötige Geld dafür. Einige der Blumen ließ sich Elise aber auch für sich selbst bringen, daher der Nelkenduft, wenn es unter Florentines Dach wieder einmal ›geisterte‹. Der Zimtgeruch rührte wohl von dem Zimt her, den Elise für ihren Tee aufgoss.

Das sorgfältig verschnürte und versiegelte Päckchen enthielt mehrere Goldstücke, samt einem Brief.

Liebe Marie!
Ich bitte Dich und Franz, der den Rosengarten meiner lieben Frau Baronin so sorgfältig und zuverlässig pflegt, kümmert Euch um sie und lasst sie nicht allein.
Da Du nicht mit mir verwandt bist, kann ich Dir, der Erbschaftssteuer wegen, offiziell nichts vermachen. Außerdem ist meine Wiener Verwandtschaft hinter dem Geld her wie der Teufel hinter der armen Seele. Doch die bekommen nichts, nur mein Bett!! Alles, was ich mir abgespart habe, einige Goldstücke, nimm zur Grundlage für Deinen Berufs- und Lebensweg und für Dich und Franz zur Hochzeit. Mein Wunsch wäre, dass Du mit meinen Rezepturen etwas Neues anfängst und vielleicht daraus eine kleine Kosmetikserie entwickelst. Schön und gepflegt wollen Frauen immer sein, auch in mageren Zeiten werden sie dafür ihr Geld ausgeben.
Du sollst nicht, so wie ich es gemacht habe, mit den Cremes und Tinktu-

ren hausieren gehen und an Haustüren klingeln müssen. Wie oft bin ich in den letzten Jahren in München gewesen und habe meine ›Ware‹ aus der Tasche heraus verkauft.

Meine liebe Marie, mach nicht denselben Fehler wie ich: Mit meiner Neugierde, wie die euphorisierenden Stoffe in Pilzen und Pflanzen wirken, habe ich so nach und nach mein klares Denkvermögen zerstört. Angeregt haben mich alte Apothekerbücher vom Flohmarkt. Ich versuchte selbst auszuprobieren, wie das ist.

Es gab aber auch andere Gründe, weshalb ich versucht habe, mich in einen erweiterten Bewusstseinszustand zu versetzen. Heimlich habe ich dafür hinten im Garten auch Hanf angebaut. Nachdem mir die Baronin draufgekommen ist, habe ich sie einmal dazu überredet, mit mir Haschisch zu rauchen. Was sie mir dann aber verboten und mir nachher bittere Vorwürfe gemacht hat.

Von da ab hab ich alles heimlich unternommen, auch nach dem Krach mit Frau Lulu. Tagsüber war ich die fleißige Elise, nachts wünschte ich mir nichts sehnlicher, als in geistige Verbindung mit meiner über alles geliebten und verehrten Alexandra zu treten. Zuletzt erkannte ich, dass mich nur der Tod mit ihr verbinden wird.

Glaube mir, ich habe nichts zu ihrem plötzlichen Tod dazugetan, trotz der Briefe. Ich möchte aber nicht über die näheren Umstände, die uns beide betreffen, schreiben, ihres Andenkens wegen. Bewahrt ihr Andenken und lasst sie in Frieden ruhen. Für mich ist es zu spät, aus diesem Teufelskreis herauszukommen, in den ich hineingeraten bin. Ich kenne die Angst, wenn sich die schwarzen Schatten in mir ausbreiten, und ich fühle eine große Schuld. Dass das Gift des Eisenhuts mit seiner grausa-

Rhabarber-Creme

200 g Rhabarber, (Haut abgezogen und in Stücke geschnitten), 100 g Zucker, 1 Sternanis, 1 Päckchen (ca. 40 g) Puddingpulver (Sahnegeschmack), 200 g Erdbeeren, 4 EL Mascarpone, 4 Gänseblümchen zum Verzieren

Die Rhabarberstücke mit 250 ml Wasser, Zucker und Sternanis aufkochen. Puddingpulver mit etwas Flüssigkeit anrühren und zur Rhabarbermasse geben. Erdbeeren untermischen. In Schalen anrichten, mit einem Klacks Mascarpone versehen und je ein Gänseblümchen daraufsetzen.

men Wirkung so gefährlich ist, wurde mir erst bewusst, nachdem ... Ich kann nichts vergessen.
Lebe Du, meine liebe Marie, ein glücklicheres Leben, als es mir vergönnt war, weil ich es mir mit meiner Eifersucht selbst zerstört habe.
Elise

Franz und Marie heirateten im Juni des folgenden Jahres. Zum leichten Amüsement besonders der weiblichen Gäste erschien Tante Lulu im Dirndl. Sie sah darin aus wie ein Bräuross und spielte sich mit ihrem Auftreten wieder einmal in den Mittelpunkt.

»Lulu, du verrücktes Huhn«, tönte die Stimme meines Vaters im allgemeinen Trubel, »du hast dich aber aufgedonnert. Musst du dich derart in Szene setzen?« Er selbst war in einem dezenten Trachtenanzug mit Tegernseer Joppe erschienen: ein gut aussehender Mann trotz seiner Jahre.

Wie in alten Zeiten feierte die liebe Tante bis zum frühen Morgen mit. Beschwipst schwang sie mit meinem Vater das Tanzbein, fegte mit ihrem Rock über den Parkettboden und vergaß die Würde einer älteren Dame.

Kümmert euch um Jakob Loibl

REZEPTE

PETRONELLA IM SCHAUMHIMMEL · S. 156

LUITGARD IM LIEBESRAUSCH · S. 160

ZITRONENCREME À LA LULU · S. 162

Nach einem langen Winter, der im November mit Schnee und Kälte begann und uns bis kurz vor Ostern frieren ließ, wurde es endlich wieder wärmer. Von Nordafrika aus machte sich der Frühling auf die Reise zu uns, weckte die Mandelbäume in Spanien aus der Winterruhe und wanderte mit Kraft durchs Rhône-Tal und über die Alpen. Die Wiesen begannen zu grünen, ein erster Star pfiff seine Melodie, und Gänseblümchen spitzten aus dem Boden.

Am Palmsonntag bat uns Tante Lulu nach dem Gottesdienst zum Frühstück. Einträchtig schlenderten wir den kurzen Weg durchs Dorf zu Lulus Haus: Franz und Marie, Florentine am Arm von Hans-Hugo Vogelsang, meine Eltern, meine Schwester und ich.

Unterwegs amüsierten wir uns über das Missgeschick, das meiner lieben Tante Lulu ausgerechnet am Ende des festlichen Hochamts passiert war. Nach dem Segen und dem Amen des Pfarrers fiel ihr durch eine ungeschickte Bewegung das Gebetbuch aus der Bank auf den Boden. Schon drängten die Gottesdienstbesucher zur geöffneten Ausgangstüre. Draußen wehte ein kräftiger Wind, ein Luftzug entstand im Kirchenschiff. Lulu musste hilflos mit ansehen, wie zur Belustigung der Gemeindemitglieder ein umfangreiches Sammelsurium von Papieren aus ihrem Gebetbuch Richtung Altarraum flatterte. Heiligen- und Sterbebilder flogen in die Höhe, auch Zettel, die sie zwischen die Seiten des schwarzen Büchleins gesteckt hatte, verwandelten sich in kleine Papierflieger und schwebten davon. Einige trug der Luftzug weit hinauf in den weihrauchgeschwängerten barocken Himmel bis zu den Heiligenfiguren, ehe sie wieder auf dem Boden landeten.

Allzu gerne nahm Lulu unsere Hilfe und auch die der Ministranten und sogar des Pfarrers an, um die Papiere wieder einzusammeln.

Dankbar meinte sie auf dem Weg zum Hexenhaus: »Meine Schutzengel haben geholfen, ich glaube, alle Zettel sind wieder beisammen. Keiner fehlt. Nicht auszudenken, wenn meine persönlichen Notizen in falsche Hände geraten wären.«

»Wieso Notizen im Gebetbuch?«, erkundigte sich meine Schwester mit strengem Unterton. Neugierig bohrte sie nach: »Hast du Geheimnisse, die wir nicht wissen dürfen?«

Wir redeten durcheinander, schließlich kam es nicht jeden Tag vor, dass eine Ansammlung von Zetteln durch die Kirche schwebte.

»Was hast du denn in deinem Gebetbuch alles gesammelt?«, erkundigte sich auch meine Großmutter. Das Gespräch drehte sich selbst nach dem Frühstück immer noch um Lulus Gebetbuch.

Was wir nicht ahnen konnten: Lulu hatte sich seit Langem angewöhnt, ihr Gebetbuch auch als Notiz- und Tagebuch zu benützen. Griffbereit lag es samt einem Notizblock auf dem Nachtkästchen. Konnte sie nicht schlafen oder fürchtete sie, Wichtiges bis zum Morgen zu vergessen, kritzelte sie es an den unbedruckten Rand der Blätter oder auf den Notizblock, dessen Zettel sie dann zwischen die Seiten steckte. Im Laufe der Zeit sammelten sich so Telefonnummern, Daten von Geburts- und Gedenktagen, Erinnerungen an wichtige Einkäufe und andere Gedächtnisstützen zwischen den heiligen Texten. Auch kritische oder respektlose Anmerkungen über die naiven Sonntagspredigten des Dorfpfarrers hielt sie für wichtig genug, sie zu notieren.

Unsere Neugierde war zu groß, als dass wir nicht eine kurze Abwesenheit von Lulu genutzt hätten, um in ihrem frommen Büchlein zu blättern. Das Gekritzel war schwer zu entziffern. Den Namen Elise, mit drei Ausrufezeichen oder Fragezeichen, entdeckten wir auf mehreren Blättern.

Kaum zu glauben, was sie im Laufe der Jahre alles an die Ränder geschrieben hatte. Dazu kamen die Papierfetzen, die zwischen den Seiten klemmten.

Eine Notiz erregte unser besonders Interesse: eine merkwürdige Kombination aus Buchstaben und Zahlen!

»Sind das Codenummern eines geheimen Bankkontos in der Schweiz?« Vogelsang, der sich an den allgemeinen Spekulationen beteiligte, flüsterte seinen Verdacht meinem Vater zu. Dabei nahm er seine Brille ab und fixierte Lulu, die gerade wieder zur Tür hereingekommen war, mit starrem Blick.

Petronella im Schaumhimmel

6 Eier (getrennt), 1 Prise Salz, 2 EL Rosenzucker (im Teeladen fragen), 4 EL Vanillezucker, 1 TL abgeriebene Schale einer unbehandelten Zitrone, 2 EL Butter, 500 g Erdbeeren, Puderzucker zum Bestäuben, Zitronenmelisse oder Pfefferminzblätter zum Garnieren

Die Eigelbe mit Salz, Rosenzucker, 2 EL Vanillezucker und Zitronenschale schaumig schlagen. Eiweiß steif schlagen und etwas Eischnee unter die Eigelbcreme rühren, dann die Creme unter den restlichen Eischnee heben.
Butter in zwei Pfannen aufschäumen. Die Eimasse in die Pfannen einfüllen und glatt streichen. Bei kleiner Hitze zugedeckt ca. 10 Minuten backen. Die Omeletts sind fertig, wenn die Unterseite leicht gebräunt ist und die Oberseite fest zu werden beginnt.
(Bei Verwendung von nur einer Pfanne den Teig teilen und nacheinander backen. Das erste Omelette heiß stellen.)
In der Zwischenzeit Erdbeeren waschen, von den Stielen zupfen und in Scheiben schneiden. Mit dem restlichen Vanillezucker (2 EL) bestreuen. Die Pfannen kippen, um die fertigen Omeletts zusammenzufalten. Die Omeletts auf eine vorgewärmte Platte gleiten lassen. Mit den Erdbeeren anrichten, mit Puderzucker bestäuben und mit Zitronenmelisse oder Pfefferminzblättern garnieren. Die gefalteten Omeletts quer halbieren, um 4 Portionen zu erhalten.

Die Tante lächelte so geheimnisvoll, als wäre sie eine Nachfahrin der Sibylle von Cumae. Vogelsang dagegen benahm sich, als wäre er von der Steuerfahndung und soeben auf der Suche nach millionenschweren Schwarzgeldkonten fündig geworden.

Lulu reagierte darauf mit dem gekränktesten Blick, den ihr erprobtes Schauspielerinnen-Repertoire hergab. »Ich doch nicht!«, betonte sie mit

Grabesstimme. »Aber bevor mich hier jemand einer peinlichen Befragung aussetzt oder ich gefoltert werde, möchte ich meine Sünden gestehen!«

Damit erzielte sie die gewünschte Wirkung. Hans-Hugo wurde ein wenig blass und stotterte, so habe er das doch nicht gemeint.

Lulu zögerte kurz, genoss seine sichtliche Verlegenheit und begann herzlich zu lachen: »Nun seid ihr mir tatsächlich alle draufgekommen, dass ich …! Doch leider haben mir diese Nummern kein Glück gebracht. Verflixt noch mal. Man sagte mir, es sei klug, sie verschlüsselt irgendwo zu notieren, falls sie ich sie vergessen würde.«

»Also doch Bankgeschäfte in der Schweiz«, zischte Großmutter Elfriede: »Da liegt der Frosch im Salat! Hier die Freunde anpumpen – und in Steuerparadiesen Zinsen kassieren. Unerhört! Lulu, das hätte ich von dir nicht erwartet!«

»Reg dich nicht auf«, lachte Lulu. Es gelang ihr, nicht zum ersten und nicht zum letzten Mal, bei uns die Spannung bis ins Unerträgliche zu steigern, bis sie endlich mit der Wahrheit herausrückte.

Am Ende stand die Erkenntnis: Wir waren Lulu, der Komödiantin, wieder einmal auf den Leim gegangen. Die Zahlen und Buchstaben waren Verschlüsselungen astrologischer Zeichen, Nummern von Losen aus der Süddeutschen Klassenlotterie und Lottozahlen.

»Du verrücktes Huhn, du bist immer wieder für eine Überraschung gut«, meinte Vater scheinbar grantig. Dann begann er zu lachen.

Zuletzt erkundigte sich meine Schwester, wann Petronella im Schaumhimmel* ihren Gedenktag habe. Diese Heilige sei ihr unbekannt. Dagegen könne es sich doch bei Luitgard im Liebesrausch* wohl kaum um eine himmlische Figur handeln.

»Dazu sag ich gar nichts!« Lulu setzte nun wieder ihr geheimnisvolles Gesicht auf.

Wenig später plauderte sie es doch aus, was es damit auf sich hatte: Sie hatte sich während einer langweiligen, endlosen Predigt zwei köstlich Nachspeisenrezepte ausgedacht.

Seit Lulus Missgeschick in der Kirche waren einige Wochen vergangen. Wieder waren Lulu und ich im Rosenhaus zu Gast. Und als hätte die Tante ihre gesamten kleinen Erlebnisse der letzten Monate gesammelt, um sie an diesem Nachmittag auf der blauen Bank zu erzählen, klappte sie gleich nach unserer Ankunft den Mund auf und schloss ihn erst nach etlichen Stunden wieder.

Florentine, die geduldige und mittlerweile ein wenig erschöpfte Zuhörerin, meinte zuletzt: »Ach, Lulu, du machst aus jedem kleinsten Anlass eine Staatsaffäre. Falls du mal einen Frosch im Salat entdecken solltest, wirst du dich wahrscheinlich gleich an die Zeitung wenden. Du wirst dich nie ändern!«

Lulu überhörte diese kleine Spitze ihrer Freundin. In Gesellschaft von Hans-Hugo Vogelsang, der Dauergast im Rosenhaus geworden war, schlenderten wir anschließend zur Entspannung noch durch den duftenden Rosengarten.

Lulu griff spontan nach Florentines Hand: »Hier, in deinem Erdenparadies, fliegen mir die Geschichten zu. Ich habe über die Liebe nachgedacht. Sie bleibt in uns, falls wir sie nicht unter dem Ballast des täglichen Lebens begraben. Ach, was philosophiere ich. Ich lese lieber eines meiner neuesten Gedichte vor.« Lulu öffnete ihr kleines Notizbuch und begann:

Hast du dem Mann im Mond
schon einmal geholfen, die Sterne zu zählen?
Hat der Wind dich gebeten,
mit ihm die Wolken zu verschieben?
Haben dir die Blumen im Garten
nachts von ihren Träumen erzählt?
Und die Eiskristalle
dir das Geheimnis ihrer Muster erklärt?
Das alles hab ich noch nie erfahren.
Aber ich hab in Deine Augen gesehen
und darin die Liebe gelesen.

»Hast du derartige Gedichte auch in dein Gebetbuch geschrieben?«, erkundigte sich Florentine und erinnerte Lulu damit an ihr Missgeschick in der Kirche.

»Ach was«, tat die Tante Florentines Bemerkung ab, »die Aufregung um mein Gebetbuch habe ich längst vergessen. Außerdem sind ja alle Zettel gefunden worden, keiner hat gefehlt.«

Wenige Tage später kündigte der Gemeindepfarrer seinen Besuch bei Lulu im Hexenhaus an. Um nicht mit ihm allein sein zu müssen – »Ich weiß nicht, was ich mit ihm reden soll« –, bat sie meine Eltern und mich, dabei zu sein.

Nach einigen Tassen Kaffee überreichte er Lulu zum Abschied mit verschmitztem Lächeln einen Zettel. Dabei meinte er vieldeutig, er habe sein Beichtkind zwar fast jeden Sonntag in der Kirche gesehen, aber nicht im Beichtstuhl. »Wünschen Sie mal ein persönliches Gespräch?«, fragte

Luitgard im Liebesrausch

1 Biskuitboden (fertig gekauft), Butter für die Form, etwas Milch, edler Weinbrand (Cognac) oder Walnusslikör, 5 Eier (getrennt), 150 ml Sahne, 150 g Halbbitterschokolade (gerieben), 200 g Puderzucker, 60 g Aprikosenkonfitüre

Den Backofen auf 170 °C vorheizen. Tortenboden in Würfel schneiden und diese in eine gefettete, feuerfeste Glasform geben. Die Milch mit dem Weinbrand mischen und die Tortenwürfel damit begießen. Aus Eigelb, Sahne, geriebener Schokolade und drei Vierteln des Puderzuckers im Wasserbad eine dicke Creme rühren und ebenfalls über die Tortenwürfel gießen. Aus dem Eiweiß, dem restlichen Puderzucker und Konfitüre einen Schnee schlagen und auf die Creme gleiten lassen. Im Backofen überbacken, bis die Eiweißhaube hellbraun wird. Warm oder kalt servieren.

er die Tante und fügte jovial hinzu: »Die heilige Notburga lässt grüßen. Wir mussten sie zum Putzen von ihrem Sockel holen.«

Fein säuberlich mit lila Tinte geschrieben stand eine Notiz von Lulu auf dem kleinen Zettel, den jemand im Korb der Heiligen gefunden hatte.

Kümmert Euch um Jakob Loibl. Er braucht Eure Fürsorge, wenn ich mal nicht mehr bin. Ich liebe ihn in der Nähe von Catherine Guillot. Ich finde sie zauberhaft, sie fühlt sich neben ihm wohl.

Wir überschütteten Lulu mit Fragen: »Wer ist Jakob Loibl? Woher kennst du diese Catherine?«

»Wisst ihr das denn nicht?« Lulu blickte hilflos in die Runde. »Ich weiß es nicht mehr, kann mich nicht erinnern, wer Jakob Loibl für mich war oder noch ist... Ich hab's vergessen.«

»Sicher hat Lulu diesen Jakob geliebt und will nicht darüber reden«, überlegte meine Mutter.

»Vielleicht war sie schon mit Eduard verheiratet und ist fremdgegangen? Eduard hätte sie mit seiner Eifersucht womöglich umgebracht, wenn er das erfahren hätte!«, sinnierte meine Großmutter.

Unser Nichtwissen verwob sich zu einer romantischen Geschichte um Lulus Liebesleben.

»Diese Catherine hat Jakob geheiratet. Lulu hat sich weiter mit Jakob getroffen. Sie war seine Geliebte«, kombinierte mein Vater.

Wochen vergingen, die Tage wurden wieder kürzer. Schmetterlinge tanzten um die lila blühenden Herbstastern und tranken den letzten Nektar. ›Am 8. September, Mariä Geburt‹, flogen gemäß der alten Bauernregel ›die Schwalben furt‹. Im Garten des ›Hexenhauses‹, im Strauchgewirr der Hecke, tschilpten die Spatzen, während Lulus Katze durchs Gebüsch schlich.

Die Hecke war über die Jahre noch dichter und ungepflegter geworden. Wer sollte sie zurückstutzen? Lulu kümmerte sich nicht mehr darum.

Tante Lulu war mit allerlei Kleinigkeiten beschäftigt. Elise und das Gift des Eisenhuts im Tee interessierten sie nicht mehr. Wer Jakob Loibl war oder woher sie ihn kannte, wollte ihr anscheinend nicht mehr einfallen. Gewohnt, Menschen und Gäste um sich zu haben, bat sie ihren Freundeskreis zu einem Kaffeeklatsch in den Garten. Dabei erinnere ich mich vor allem an ihre göttliche Zitronencreme*, die niemand je so gut zubereitet hat wie sie.

Zitronencreme à la Lulu

*125 g Zucker, 4 Eigelb, 250 ml Zitronen- oder Orangensaft,
6 Blatt Gelatine, 250 ml Sahne*

*Zucker mit den Eigelben schaumig rühren, nach und nach den Saft bis auf einen kleinen Teil zugeben. Mit dem restlichen Saft Gelatine auflösen, kalt stellen.
Inzwischen Sahne schlagen. Wenn die Creme Streifen zieht, geschlagene Sahne unterheben und erneut kalt stellen.
Man kann die Creme auch mit dem Eischnee der 4 Eier anstatt der Sahne zubereiten. Dann serviert man die geschlagene Sahne extra dazu.
Für eine vegetarische Variante ohne Gelatine kann man die Masse in eine Kastenform füllen und über Nacht in die Tiefkühltruhe stellen. Vor dem Servieren kurz in heißes Wasser tauchen, stürzen, dann mit Früchten garnieren und als Halbgefrorenes servieren.*

Florentine, im rosengemusterten Kleid, bat um einen Rundgang bis zur Hecke, bevor es zu kühl würde. Das griff Vogelsang, laut Lulu immer noch Florentines grüner Rosenkäfer, begeistert auf.

Mit Florentine an der Hand stapfte er über die Wiese vor dem Hexenhaus und ging an der verwilderten Hecke entlang. Nebenbei blickte er auf die Hundsrosen, die hier verwildert rankten. Der Rosenspezialist schien mit seinen Gedanken woanders zu sein. Intensiv starrte er auf das dichte Buschwerk und zerrte ein Taschentuch aus seiner Hose.

Wie gewöhnlich, wenn ihn in einem Garten eine Pflanze faszinierte, begann er pedantisch seine Brille zu putzen. Dann stürzte er sich in die Büsche und kroch, irgendetwas vor sich murmelnd, durchs Gestrüpp.

Kaum dass er darauf achtete, wohin er trat. Ebenso wenig kümmerte er sich um die Brombeerranken, die sich an seinem guten Anzug festhakten.

»Sie scheint es tatsächlich zu sein«, schrie er plötzlich begeistert. »Die ›Chaterine Guillot‹, diese äußerst seltene Rose! Dass ich sie hier entdecke!«

»Und daneben steht Jakob Loibl«, schrie ihm Lulu hinterher. Triumphierend drehte sie sich zu uns um und blickte in die Runde. »Ich hab's doch gesagt, ich erinnere mich irgendwann an meinen Jakob Loibl!«

Wir blickten sie verständnislos an. Vogelsang, ganz Kavalier der alten Schule, bog für Lulu die Zweige eines Busches zurück, damit sie sich bis zu einem Baum zwängen konnte. Daneben wuchs eine kümmerliche Rose. »Ich hab's gewusst«, juchzte sie, »ich musste nur kurz darüber nachdenken, wer Jakob Loibl ist. Manchmal dauert das in meinem Alter eben ein wenig länger. Deshalb bin ich noch lange nicht vertrottelt oder senil«, jubelte sie. »Ich habe, solange mein guter Eduard noch lebte, die schmackhaftesten Äpfel von ihm geerntet.«

»Dann hat man diesen Baum hier in der Hecke vergessen?« Kopfschüttelnd starrte Vogelsang auf den knorrigen Stamm und benahm sich, als offenbare sich ihm das siebte Weltwunder.

»Einen Apfelbaum, umrankt von einer seltenen alten Rose, einfach zu vergessen, verwildern zu lassen?«, murmelte er ungläubig.

Tante Lulu blickte leicht schuldbewusst vor sich hin, bis sie meinte: »Man vergisst vieles im Leben, oft auch das, was einem wichtig schien. Glückliche Stunden in jungen Jahren. Eduard und ich haben den Baum gepflanzt und seine Äpfel gesammelt. Die Zeit ging darüber hinweg. Neues kam. Tränen, Schmerz und wieder Lachen. Ich kann es selbst nicht verstehen, wieso ich diesen Apfelbaum und die Rose ›Catherine Guillot‹ einfach vergessen habe. Trotz des Zettels in meinem Gebetbuch!«

Lulu wandte sich an Marie: »Hol mir bitte mein Gebetbuch aus dem Haus, du weißt, wo es liegt. Und bring mir einen Stift mit. Es gibt darin noch ein leeres Blatt, auf das ich ein Gedicht für diesen Baum schreiben möchte.« In Lulus Stimme klang die Melodie der Freude.

Sie ging zurück zum Haus und wollte nicht gestört werden. Wenig später las sie uns vor, was sie geschrieben hatte:

Für Jakob Loibl
Wie konnte ich dich vergessen?
Saß jung unterm Apfelbaum.
Eine Träne der Wehmut
um vergangenes Glück.
Ein einziger Tag,
bewusst verträumt, verspielt und geliebt,
der Duft einer Rose,
eine Stunde im Jahr.
Was ist das schon
nach so langer Zeit?
Es sind die Perlen im Sand,
die Blüten im Winter.
Es ist das Wunder der Jahre,
dass es dich immer noch gibt.

Die Freundinnen

Rezept
Kleine Süsse Dinger · S. 165

Wieder trauerten wir einem Sommer nach und dachten an den langen Winter, der vor uns lag. Es war Mitte Oktober geworden, und wir redeten von Kirchweihgänsen und Kürbissuppe. Unter den Rosskastanien an der Einfahrt zu unserem Hof glänzten, zur Freude der Kinder, die herabgefallenen braunen Früchte. Im Laub suchten die Amseln nach Nahrung, die letzten blühenden Rosen ließen ihre Köpfe hängen und verloren durch den ersten Frost ihre Schönheit.

Florentine und Lulu zählten die Jahre ihrer Freundschaft. Tante Lulu meinte, dass dies doch Anlass genug für eine kleine Feier sei.

Kleine süsse Dinger

Trockenfrüchte, wie z. B. Datteln, Pflaumen, Aprikosen, Feigen, mit passenden Füllungen versehen, z. B. mit Haselnüssen, Mandeln, Walnüssen, Marzipan, Schokolade, Nougat. Anschließend kann man sie in flüssige Schokolade tauchen und trocknen lassen.
Für Kinder ein köstlicher Ersatz für Gummibären.

»Wir müssen es ja nicht übertreiben. Ich schlage vor, zum Abschluss des festlichen Essens reichen wir Konfekt, ›Kleine Süße Dinger‹*, die ich bereits im Korb mitgebracht habe. Wegen des Essens fragen wir bei den Landfrauen nach, das erspart uns die ganze Arbeit. Wer weiß, wie alt wir beide noch werden. Natürlich feiern wir hier im Rosenhaus, bei mir zu Hause herrscht ewige Unordnung!«

Tante Lulu überschüttete Florentine mit ihren Ideen, und diese überließ ihr daraufhin wie gewohnt die Organisation.

»Wir servieren nach höfischer Sitte«, warf sie in die Runde.

»Höfischer Sitte?« Wir blickten die Tante verständnislos an. Worauf sie uns einen ebensolchen Blick zu warf, der auszudrücken schien: »In der Schule wieder mal nicht aufgepasst.« Aber dafür hatten wir ja Tante Lulu, dass sie uns mit einer bereitwillig erteilten Nachhilfestunde auf die Sprünge half. Sie holte Luft, stellte die Jahreszahl 1663 in den Raum – und wir machten uns auf einen langen Vortrag gefasst.

»Regensburg«, begann Lulu. »Dort wurde seit dem erwähnten Datum der Immerwährende Reichstag abgehalten, bis man ihn 1806 unter Napoleon auflöste. Hier trafen sich die Ständevertretungen des Heiligen Römischen Reichs. Sie berieten nicht nur über wichtige Angelegenheiten des Reichs wie Gesetze oder Steuern, sondern haben anschließend auch kräftig gefeiert.

Der Reichstag als solcher existierte ja schon lange. Oder man sollte besser sagen, die Reichstage, denn man hat die Ständevertreter nur von Fall zu Fall einberufen. Aber im riesigen Kaiserreich gab es immer etwas zu verhandeln und zu beschließen. Wie es so ist in der Politik, wurde man nie fertig. 1663 hielt Kaiser Leopold I. wegen der Türkengefahr einen Reichstag in Regensburg ab. Wie könnte man die östlichen Grenzen des Reichs verteidigen? Dafür brauchte Leopold die Einigkeit der Fürsten, deren Soldaten und ihr Geld. Aber diese Einigkeit war nicht so leicht herzustellen. Die Ständevertreter tagten und tagten – und ohne dass man es wollte, war der Regensburger Reichstag ein ›immerwährender‹ geworden.

Damit wurde die alte Handelsstadt auch zum Festplatz für die im Reichstag vertretenen Gesandten der Reichsfürsten und der Reichsstädte. Wurde gerade nicht gestritten, vergnügte sich die Herrschaft bei Gelagen, Tanz und Musik. Natürlich genossen sie dabei üppige Tafelfreuden.

Auch der Marschall des französischen Königs Ludwig XIV. reiste eines Streitfalls wegen nach Regensburg. In seinem Gepäck führte er nicht nur wertvolle Gastgeschenke mit sich, sondern auch eine ganz besondere Art von Bohnen. Aus ihnen ließ sich ein bis dahin unbekanntes Getränk zubereiten: der Kaffee. Doch noch viel mehr als dieses anregende braune Gebräu kitzelte die Geschmacksnerven der höfischen Gesellschaft. Der Herzog überraschte bei seinem Besuch mit einer süßen Leckerei, die er nach der weiten Reise von Versailles bis an die Donau aus seinem Gepäck zauberte: kleine süße Dinger, die man bis dahin in Bayern nicht kannte.

Getrocknete Früchte – Nüsse, Datteln, Feigen –, vermengt mit einem Gemisch aus aromatischen Gewürzen, Kakao und einer Zucker-Honig-Masse, wurden von da ab gern nach einem Festgelage zum Nachtisch gereicht. – Warum sollten wir die nicht auch servieren?«, beendete Tante Lulus ihre Ausführungen über den Regensburger Reichstag und die höfische Sitte.

Florentine meinte darauf trocken: »Wenn wir uns damit nur nicht den Magen verderben. Ich bin mir nicht sicher, ob ich das Rezept von Elises Bitterkräuterlikör noch finde.«

Der verschwundene Ohrring

Am Tag des Jubiläums herrschte neblig-trübes Wetter und es war frostig kalt. Franz schleppte einen Korb voll Holz ins Haus und heizte den Kachelofen ein. Vorsorglich hatte er tags zuvor die letzten noch blühenden Rosen abgeschnitten, damit Florentine den Esstisch damit schmücken konnte.

Die weiße Damasttischdecke mit dem kunstvoll gestickten Monogramm lag faltenlos auf dem Tisch. Das Silberbesteck war glänzend geputzt und reihte sich neben den kunstvoll gefalteten Servietten auf.

Die Landfrauen hatten sich tatsächlich um die Speisen gekümmert. Eine Hilfskraft stellte die Getränke kühl und öffnete die Rotweinflaschen. Als Süßspeise gab es Vanilleäpfel*. Florentine diskutierte lautstark mit ihr.

Dann kam die Hausherrin aus der Küche. Sie hatte sich bereits für das Fest fein gemacht und ging zum Fenster, raffte die leichten Spitzengardinen zur Seite und warf einen Blick in den Garten. In sanftes Nebellicht getaucht und vom Raureif überfrostet hingen bizarre Eiskristalle an den Zweigen der Büsche. ›Elfenkonfekt‹, murmelte Florentine versonnen. Am Busch der Rosa canina leuchteten Hagebutten, rot hingetupft, und die ersten hungrigen Meisen flatterten ums Futterhäuschen. Der Winter kündigte sich an.

Wenig später kam Tante Lulu dazu und bewunderte unser Werk, die Tischdekoration. Sie trug ein etwas aus der Mode gekommenes Seidenkleid, an dem eine auffallende Glitzerbrosche schimmerte. Die Tante überreichte Florentine eine Rose und sagte ein wenig theatralisch: »Mit dieser Rosa mundi möchte ich an Elise erinnern. Sie kannte uns seit unserer Jungmädchenzeit, sie gehörte zu unserem Leben.«

Lulu betrachtete die Rose und meinte: »Rot und weiß, vergleichbar mit hell und dunkel, so war es auch um Elise. Wollen wir nicht auf sie und uns anstoßen?« Die Tante griff nach zwei Gläsern Champagner auf dem Tablett.

Mopsis wütendes Gebell, das vom Hausflur zu uns scholl, störte die feine Schwingung zwischen den beiden Freundinnen und ihre leicht gerührte Stimmung.

Man hörte im Hausflur die Stimme eines Mannes, der den Hund zu beruhigen versuchte. Dann die Stimme von Franz, der wiederum versuchte, den Mann zu beruhigen. Lulus sämtliche Regieanweisungen für den bevorstehenden Abend gerieten in Wanken.

»Jetzt haben wir den Frosch im Salat, den wird Florentine so schnell nicht mehr los«, rutschte es meiner Großmutter heraus. Denn nach und nach kamen Florentines und Lulus Gäste, darunter meine Eltern mit Großmutter Elfriede, zur Begrüßung in das gemütliche Zimmer mit den Biedermeiermöbeln.

Ich war mit Tante Lulu schon einige Tage zuvor zu Florentine gefahren, um bei den Vorbereitungen zu helfen. Die meiste Arbeit hatten die ›Kleinen Süßen Dinger‹ gemacht. Frisch zubereitet schmeckten sie am besten.

Der Hund bellte immer noch. Florentine wurde merklich blass, als sie Egidius Moosgräber im Hausflur stehen sah. »Was will der denn hier? Hoffentlich geht er wieder«, flüsterte sie mir zu.

Egidius war seiner Gewohnheit entsprechend wie all die Jahre zuvor auf Gräberwallfahrt. Nun kam er auf Florentine zu und sagte: »I hab was z'reden mit dir.«

Florentine dirigierte ihn in die Küche, wohin ich den beiden folgte. Nachdem er mit Bier und einer Brotzeit versorgt war, zog er Alexandras Sterbebild aus der Tasche und legte das von Elise daneben.

Ein Wahrsager, der mit Tarotkarten die Zukunft vorhersagt, dachte ich unwillkürlich.

»I hob des zwoate Gsicht. I bin am Grab von dera Alexandra gstandn«, sagte er bedeutungsschwer und fuhr fort: »Heit kimmts auf, d'Wahrheit, wos vor ihrm Tod passiert is.«

»Ich weiß, Egidius Moosgräber, auch wenn ich das zweite Gesicht nicht habe«, antwortete Florentine ruhig. Sie stellte eine zweite Flasche Bier vor ihm auf den Tisch, verabschiedete sich von ihm und ging zurück zu den Gästen.

Hans-Hugo Vogelsang stand wartend da. Umständlich jonglierte er mit zwei traumhaft schönen Blumensträußen und gratulierte Lulu und Florentine zu ihrer langjährigen Freundschaft. »Ein seltenes Jubiläum für zwei Rosen in meinem Leben. Die Damen sehen jung und bezaubernd aus.«

Tante Lulu, hörte kaum auf das, was Vogelsang säuselte, sondern starrte Florentine an, als sähe sie ein Gespenst. Plötzlich kreischte sie: »Du trägst die Ohrringe! Dieser wertvolle Schmuck! Wir gehen doch nicht in die große Oper.«

Unvermittelt griff Lulu dann in das Haar ihrer Freundin und stellte erregt fest: »Oh Gott, Florentine, ich sehe nur den an deinem linken Ohr, wo ist der rechte? Du hast ihn verloren.« Sie schob die Freundin vor den

Spiegel und klagte: »Ein Vermögen! Deine Eitelkeit! Warum wolltest du sie ausgerechnet heute...«

Lulu verstummte, denn nun fingerte auch Florentine in ihrem Haar und sagte: »Das kann ich gar nicht begreifen, ich habe doch beide ...«

»Der findet sich bestimmt wieder«, mischte sich meine Großmutter ein und erinnerte Florentine daran, dass sie kurz zuvor noch in der Küche bei Egidius gewesen war.

Ich machte die Hausherrin darauf aufmerksam, dass sie sogar mehrmals in der Küche gewesen war. Noch bevor die Gäste angekommen waren, hatte sie einen Wortwechsel mit der Hilfskraft vom Partydienst gehabt. Soweit ich verstanden hatte, ging es um eine besonders garnierte Schale mit Nachtisch für Lulu. »Ich serviere diesen Nachtisch selbst«, hatte sie die junge Frau angeherrscht. Ob der zweite Ohrring bereits fehlte, als Florentine aus der Küche kam, darauf hatte ich nicht geachtet. Mit derart energischem Ton hatte ich aber die Baronin selten erlebt.

Die Servicedame war seitdem offensichtlich beleidigt. Ich hörte sie kurz darauf maulen: »Da schickt man mich extra aus München aufs Land, und dann trauen die mir hier nicht einmal das Servieren einer Nachspeise zu! Kein Geld für einen Hummer als Vorspeise haben, aber so tun, als sei man mit dem Generaldirektor einer Großbank verbandelt. Und mir jetzt womöglich noch den Diebstahl eines Ohrrings in die Schuhe schieben. Jedenfalls bin ich gespannt, wie am Ende das Trinkgeld ausfällt. Aber nobel geht die Welt zugrunde.«

Nachdem alle Gäste Freunde und Verwandten, samt Franz, Marie und einigen Nachbarn, versammelt waren, bat Tante Florentine zu Tisch.

Die Gespräche drehten sich anfangs hauptsächlich um den Verlust des Ohrrings und den Wert des Schmucks, aber auch um die merkwürdige Voraussage von Egidius Moosgräber, der immer noch in der Küche saß. Wo der Schmuck geblieben war, darüber gab ihm sein zweites Gesicht leider auch keine Auskunft.

Nach dem Hauptgericht und einer gelungenen Tischrede meines Vaters eilte Florentine in die Küche, um sich um den Nachtisch zu kümmern, auch um den von Lulu.

Lulu fühlte sich in der Zwischenzeit bemüßigt, für die Unterhaltung zu sorgen.

Alexandras Lebensgeschichte

Rezepte
Bayerische Creme nach Pfälzer Art — S. 176
Lulus Sonntagskuchen — S. 185

Die Geschichte dieser Ohrringe ist eng mit Alexandra großer Liebe verbunden: mit Fürst Nikolai«, begann sie. »Alexandra wurde in Sankt Petersburg geboren und wuchs dort auf. Sehr früh bekam sie Gesangsunterricht. Ihrer schönen Stimme wegen sagte man ihr eine Karriere als Sängerin voraus. Auf den eleganten Bällen der damaligen Zeit verdrehte die schöne junge Frau den Männern den Kopf. Sie galt als begehrte Partie, obwohl sie keine Mitgift zu erwarten hatte. Spielschulden ihres Vaters, eines Adjutanten des Zaren, trieben die Familie in den wirtschaftlichen Ruin.«

»Ach, wie romantisch«, seufzte eine der anwesenden Damen und brachte damit Lulu ein wenig aus dem Konzept.

»Was blieb Alexandra anderes übrig, wenn sie die Familienehre retten wollte? Sie heiratete einen deutlich älteren, sehr vermögenden Herrn, den sie nicht liebte.

Alexandra begrub den Traum, eine gefeierte Sängerin zu werden. Selten ließ sie sich bitten, im kleinen Kreis eine Mozart-Arie zu singen. Bei einer solchen Gelegenheit lernte sie den Botschafter des österreichischen Kaisers kennen. Dieser nahm Kontakt mit dem Impresario der Wiener Oper auf.

Wenig später verließ Alexandra ihren Mann. Der wiederum bestimmte, dass Florentine, ihre Tochter, quasi als Pfand für Alexandras Rückkehr, bei ihm bleiben musste. Alexandra ging nach Österreich und nahm ihren Mädchennamen von Livland wieder an.«

»Was hat das alles mit den Ohrringen zu tun?«, sprach Hans-Hugo Vogelsang seine Gedanken halblaut aus.

Wir warteten auf Florentine und den Nachtisch und baten Lulu, in der Zwischenzeit weiter über Alexandra zu erzählen.

»Bei einer Ausstellung mit Werken von Gustav Klimt, einem Maler der Wiener Secession, begegnete Alexandra dem russischen Fürsten Nikolai. Ein Kunstsammler, belesen und gebildet. Er interessierte sich für den Jugendstil und pflegte Kontakte zur Neuen Künstlervereinigung München, später zum Blauen Reiter.

Es war zwischen den beiden die berühmte Liebe auf den ersten Blick. Anfangs versuchten Alexandra und Nikolai noch, ihr Verhältnis geheim zu halten. Nachdem sie aber zusammen in ein prachtvolles Palais gezogen waren und als Paar auftraten, erregte ihre Liebe allgemeines Aufsehen. In der Zeit vor dem Ersten Weltkrieg galt eine derartige Liaison mit einer verheirateten Frau als unmöglich. Es gab einen Skandal. Der Fall war Tagesgespräch der Wiener Gesellschaft, der Klatsch hatte schnelle Beine und drang bis nach Sankt Petersburg. So kam es, wie es kommen musste.

Alexandras Mann verbot ihr ein Wiedersehen mit ihrer Tochter. Außerdem strich er ihr die großzügigen finanziellen Zuwendungen, die sie bisher trotz ihrer Trennung von ihm erhalten hatte.

Das Vermögen des Fürsten Nikolai steckte in den Bildern, die er im Laufe der Jahre gesammelt hatte. Das Paar musste seinen großzügigen Lebensstil einschränken. Wenig später legte der kaiserliche Hof Alexandra nahe, sie möge die Oper und Wien verlassen.«

Lulu griff nach ihrem Glas. Da es anscheinend noch etwas dauern würde, bis Florentine zurückkam, setzte sie ihre Erzählung fort.

»Wohin sollten sich Alexandra und Nikolai wenden? Sie beschlossen, sich in Bayern anzusiedeln, irgendwo am Starnberger See oder am Ammersee. So kauften sie das Rosenhaus, das jetzt Florentine gehört. Nikolai schätzte die Malerei seiner beiden Landsleute Wassily Kandinsky und Alexej von Jawlensky. Im Sommer konnte man sie gemeinsam mit Gabriele Münter in der Umgebung von Murnau antreffen.

Das Paar reiste einige Male nach Paris, nicht nur um die Bilder von Cézanne, Monet und anderer Impressionisten kennenzulernen, sondern auch um die berühmten Rosengärten von Versailles zu sehen. Die Rosenanlagen der Kaiserin Joséphine, Napoleons erster Frau, existierten zwar nicht mehr. Dennoch konnten die beiden einige Nachzüchtungen für ihren Rosengarten erwerben.

Bei einer Reise nach London, um dort alte englische Duftrosen zu kaufen, ließ Nikolai in der dortigen Werkstatt des berühmten Juweliers Fabergé für seine geliebte Alexandra einen von ihm selbst entworfene Ohrschmuck anfertigen. Eine halb aufgeblühte Rose, gearbeitet mit Saphiren und Rubinen, die in einem filigranen goldenen Netzwerk leuchten. Er muss ein Vermögen dafür ausgegeben haben.«

»Und ausgerechnet heute hat Florentine einen Teil dieses Vermögens verloren! Wie konnte das passieren?« Wieder war es Vogelsang, der Lulu unterbrach – was ihm einen strafenden Blick von ihr einbrachte.

»So groß und einmalig die Liebe zwischen den beiden auch war, so erdrückend und qualvoll waren Nikolais Eifersuchtsszenen, mit denen er ihr von Anfang an das Leben zur Hölle machte.

Alexandra äußerte einmal den Wunsch, wieder singen zu wollen, um Geld zu verdienen. Darauf drohte er, Mittel und Wege zu finden, um dies zu verhindern – und wenn er sie vergiften müsste.«

»Er war's also – nicht Elise, die verdächtigt wurde«, störte jemand am Tisch die Erzählerin. Doch Lulus Redefluss war nicht zu bremsen.

»Der Erste Weltkrieg war ausgebrochen, eine Hungersnot drohte in Bayern. Nikolais russische Konten wurden gesperrt. Mit großem Verlust veräußerte er seine Kunstsammlung, die er aus Wien mitgebracht hatte.

Bayerische Creme nach Pfälzer Art

*5 Eigelb, 120 g Zucker, 1 große Vanilleschote, ½ Glas Pfälzer Gewürztraminer,
5 Blatt weiße Gelatine, 1 TL Rosenwasser, 500 ml Sahne,
verschiedene Beeren oder geraspelte Schokolade zum Garnieren*

Eigelb mit Zucker gut verrühren. Vanilleschote längs halbieren und das Mark herauskratzen, zu der Eimischung geben. Diese im Wasserbad bis zu einer dicklichen Creme rühren. Inzwischen den Wein anwärmen und die in kaltem Wasser aufgeweichte Gelatine darin auflösen. Den Wein und das Rosenwasser in die Eimischung rühren. Die Sahne halbsteif schlagen, in die erkaltete, aber noch nicht gelierte Masse so einrühren, dass keine Klumpen entstehen. Dann die Creme in einer großen Schüssel kalt stellen und zuletzt mit Beeren oder geraspelter Schokolade garnieren.

Alexandra konnte ihn gerade noch daran hindern, die Ohrringe zu versetzen. Er hatte sie bereits zu einem Juwelier gebracht, vielleicht war es auch ein Pfandleiher. Doch auf Alexandras Bitten hin holte er sie wieder zurück und verkaufte dafür das letzte seiner Bilder.

Danach, um das Jahr 1918 herum, verschwand Nikolai plötzlich, ohne Abschied, ohne eine Nachricht zu hinterlassen. Später war Alexandra davon überzeugt, dass er nach Russland zurückgekehrt war. Als fanatischer Patriot hatte er sich wohl der Armee der ›Weißen‹ im Kampf gegen die rote Revolution angeschlossen.«

»Es ist anzunehmen, dass er in den Wirren dieser Zeit umgekommen ist, wie so viele seiner Landleute«, unterbrach Florentine Lulus Bericht. Sie war leise hereingekommen und stellte einen Pokal mit köstlicher gelber Creme, garniert mit Früchten, Schokolade und einer Rose, vor Lulu auf den Tisch. »Für dich, meine Liebe, von mir mit besonderen Zutaten zubereitet«, lächelte Florentine. Dann schlug sie vor, sie werde die Lebensgeschichte ihrer Mutter zu Ende erzählen.

»Nachdem Nikolai verschwunden war, legte sich eine Schwermut über das heitere Gemüt der Sängerin. Sie überließ es jetzt ganz und gar Elise, sich um alles zu kümmern.«

»Warum hat sie denn die Ohrringe nicht verkauft, um an Geld zu kommen?«, überlegte Marie, die interessiert zugehört hatte.

»Warum hast du die Ohrringe, nachdem sie durch Elises Tod in deinen Besitz gelangten, nicht schon längst verkauft?«, war es nun an Großmutter Elfriede zu fragen. »Dir ist der Reichtum doch auch nicht in die Wiege gelegt worden, oder?«

»Wartet es ab«, gab uns Florentine geheimnisvoll zu verstehen und beobachtete Lulu, wie diese zum Löffel griff, um das garnierte Kunstwerk auf ihrer Nachspeise zu zerstören.

»Allein für mich. Diese süße Kaloriensünde. Ich werde sie genießen«, freute sich Lulu und schob eine zweite Portion der Nachspeise in ihren Mund. Dabei schien sie sich verschluckt zu haben. Ihr Schmatzen und Gurgeln war nicht zu überhören. Dann spukte sie hustend einen größeren Gegenstand aus.

Alle starrten auf das verschmierte Ding, das auf ihrem Teller landete. Mit Blick auf das cremige Etwas rief sie: »Der Ohrring! Das ist ja der Ohrring!«

Sie griff ihn mit spitzen Fingern und ließ ihn in ihr Wasserglas plumpsen. Ihr herzhaftes Lachen schallte über den Tisch, sie lachte, bis die Tränen ihr den Lidschatten verschmierten und sich die Schminke über ihre Backen verteilte.

»Nein, wie komisch«, schluckte und kicherte sie. »Florentine hat ihn in der Creme verloren. Die ganze Aufregung war umsonst. Und ich dachte schon an einen Versicherungsbetrug.«

Es dauerte, bis wir anderen den Ohrring in die Hand nehmen und betrachten durften. Nach einer Atempause klopfte Florentine an ihr Glas und bat um Ruhe.

»Um ehrlich zu sein, ich habe den Ohrschmuck nicht verloren, sondern habe ihn in der Nachspeise versteckt. Ich hatte die Absicht, dich, Lulu, damit zu überraschen. Was mir sichtlich gelungen ist. Doch damit ist die Geschichte von Alexandra und Nikolai und auch die des Schmucks noch lange nicht zu Ende«, lächelte die Baronin geheimnisvoll und wirkte, als habe sie soeben die Trumpfkarte gezogen. »Habt Geduld, bis der Tisch abgeräumt ist und wir bei einem guten Tropfen Wein unsere kleine Freundschaftsfeier ausklingen lassen. Diesmal bin ich es, die Geschichten erzählt, und nicht die gute Lulu.«

Endlich war es so weit, und wir durften Alexandras Geschichte zu Ende hören. Florentine begann:

»Meine Mutter fühlte sich, nachdem Nikolai sie verlassen hatte, mehr und mehr von Elise bevormundet, ja regelrecht erdrückt. Die Bedienstete erhob sich resolut zur Alleinherrscherin über Haus und Garten und behandelte Alexandra wie ein unmündiges Kind. Damit Geld in die Kasse kam, handelte Elise mit Kräutertee und ihren Salben, sie machte außerdem kleine Tauschgeschäfte. Eier gegen Salbe und so weiter. Der Schuppen am Ende des Gartens wurde von ihr in einen Stall umfunktioniert, dort gackerten einige Hühner. Im Goldfischteich schwammen Enten, und vor dem Haus hatte sie einen Kartoffelacker angelegt.«

Wie Florentine weiter erzählte, lebte sie damals schon in England und hatte nur noch wenig Kontakt mit ihrer Mutter. Elise verständigte sie mit einem Telegramm von Alexandras Tod. Als Florentine im Rosenhaus ankam, lag die Mutter bereits aufgebahrt in der Leichenhalle. Elise hatte nicht nur die Beerdigung organisiert, sondern längst begonnen, Alexandras persönlichen Besitz wegzuräumen.

Der Verdacht kam auf, Elise habe die Sängerin mit dem Gift des Blauen Eisenhuts umgebracht. Er ließ sich aber nicht erhärten, und so wurden die Ermittlungen eingestellt. Florentine reiste beruhigt nach England zurück, um ihren Umzug ins Rosenhaus vorzubereiten.

»Wieso hätte Elise sie auch vergiften sollen?« Hans-Hugo blickte Florentine fragend an.

»Ich weiß es nicht! Das Rätsel bezüglich der Ohrgehänge konnte ich allerdings erst vor wenigen Wochen lösen.«

Florentine griff an ihr Ohr und löste den Haken des einen Schmuckstücks, das sie immer noch trug. Dann legte sie den Ohrring neben das Pendant, an dem noch die Spuren der Puddings klebten.

»Seht her«, sagte sie. »Man bemerkt es kaum, aber wenn man genau hinsieht, unterscheiden sich die beiden Stücke. Ich hätte es nie entdeckt, wenn mich nicht ein seriöser Juwelier in München drauf aufmerksam gemacht hätte.«

Nach Elises Tod hatte Florentine beschlossen, die Unglücksdinger der Versicherung wegen schätzen zu lassen, um sie eventuell zu verkaufen. Zu ihrer Verwunderung erfuhr sie dabei, dass zwischen den beiden Ohrringen ein feiner Unterschied bestand.

Bei dem einen war der gebogene Haken, der zur Befestigung durchs Ohrläppchen gesteckt wird, anders gearbeitet als bei seinem Pendant. In den Verschluss war ein kleiner Hohlraum hineingearbeitet. Er bot Platz für einen Tropfen Flüssigkeit. Für Gift? Falls der Verschlusshaken beim Befestigen am Ohr die Haut ritzte, konnte der Inhalt – womöglich eine tödliche Substanz – in wenigen Sekunden in die Blutbahn gelangen.

»Hatten beide Frauen von diesem Geheimnis gewusst?«, erkundigte sich Hans-Hugo.

Florentine wurde in ihrem Erzählfluss immer wieder unterbrochen, weil der eine oder andere Gast Fragen stellte oder kluge Kommentare zu dem Geschehen abgeben wollte. Bis die Hausherrin zur letzten, beinahe unglaublichen Tatsache der Geschichte kam, waren bereits einige Flaschen Rotwein geleert.

Marie war es, die schließlich dazu beitrug, den Fall zu lösen. Inzwischen wohnte sie ja zusammen mit Franz bei Florentine im Haus, und die beiden versorgten die alte Dame.

Beim Entrümpeln des Speichers entdeckte Marie in dem geheimnisvollen Schrank, der mich in meiner Kinderzeit so neugierig gemacht hatte und vor dem wir die tote Elise entdeckt hatten, einen dicken Umschlag mit Briefen. Es waren die Briefe, die Florentine so lange gesucht hatte. Hatte Elise sie an sich genommen und versteckt? Wollte sie verhindern, dass Florentine erfuhr, was sich in den Tagen vor Alexandras Tod wirklich zugetragen hatte? Nach wie vor war uns Gästen rätselhaft, was es damit auf sich haben mochte, und so hörten wir Florentine aufmerksam zu.

Alexandra war wenige Monate vor ihrem Tod einem Mann begegnet, mit dem sie offenbar über alles sprechen konnte, was sie bedrückte. Über ihre Geldnöte, ihre Probleme mit Elise und ihre ganze Lebenslage, die ihr so aussichtslos erschien. Die beiden schrieben sich einige Briefe. Teilweise sind sie nur wenige Zeilen lang, aber sie lassen erkennen, dass diese zwei Menschen einander sehr nahestanden. Der Unbekannte, der seine Briefe mit ›J.‹ unterschrieb, bedrängte Alexandra, mit ihm nach Amerika auszuwandern.

Den letzten dieser mit ›J.‹ unterzeichneten Briefe las uns Florentine vor. »Elise muss ihn mit Sicherheit gelesen haben«, betonte sie.

Liebste!
Schiffspassage Bremerhaven–New York für zwei Personen gebucht. Bin glücklich über Deine endgültige und eilige Entscheidung. Ich habe einen Käufer für Dein Haus samt Garten gefunden. Auch wenn es schmerzt, es wird Dir guttun, Dich endlich von Elise zu lösen, um alles hinter Dir zu lassen. Durch den Verkauf Deines Besitzes kannst Du Elise mit einer kleinen Summe abfinden. Es ist Dein Leben, Du kannst keine Rücksicht mehr auf sie nehmen.
Ich bitte Dich, mir in den nächsten Tagen die Ohrringe zu geben. Durch den Verkauf der wertvollen Schmuckstücke werde ich sicher alle noch

anfallenden Kosten begleichen können. Es wird alles gut.
Wie Du weißt, sehe ich mich der politischen Lage wegen gezwungen, Deutschland zu verlassen, und bin glücklich, dass Du, meine Liebste, mit mir kommen willst. Wir werden in Amerika gemeinsam ein neues Leben beginnen. Du wirst wieder singen und Dich aus Deiner Depression lösen.
In tiefer Verehrung und Liebe, J.

Diese Zeilen müssen für Elise den Weltuntergang bedeutet haben. Sie wäre nicht nur aus ihrer existenziellen Sicherheit gerissen worden, sondern dieser J. nahm, ja entführte ihr die geliebte Alexandra, ihren Lebensinhalt. Elise war ihr Leben lang von blinder Eifersucht auf alles, was ihre Herrin betraf, erfüllt. So scheint es begreiflich, dass die Haushälterin nach einem Ausweg gesucht hat. Aber was sollte sie in dieser für sie hoffnungslosen Situation tun?

Die Kerzen waren heruntergebrannt, Lulus ›Kleine Süße Dinger‹ waren verzehrt, und einige Gäste waren dabei, sich zu verabschieden. Wir, der engere Freundeskreis um Florentine und Lulu, blieben, um zu erfahren, wie die Geschichte um die Ohrringe enden würde.

»War es Schlamperei, Betrug bei der Menge des Goldes, das für die Arbeit verwendet wurde? Wer oder was war verantwortlich für den Hohlraum in dem einen Ohrring? Hat Nikolai ihn bewusst so anfertigen lassen? Auch bleibt die Frage offen, wann die wertvollen Steine ausgetauscht wurden, mit denen die Ohrringe gearbeitet worden waren. Jedenfalls sind die beiden Saphire, die Rubine und Brillanten, die den Schmuck so wertvoll machten, nicht mehr vorhanden. Irgendjemand hat sie durch geschliffene Glassteine ersetzt, die mit farbigem Silberpapier unterlegt wurden. Dass die Steine echt waren, als Nikolai sie anfertigen ließ, lässt sich durch eine Rechnung belegen, die sich im Nachlass meiner Mutter befand.«

Florentine fuhr fort: »War es Fürst Nikolai, der Geld brauchte? Hat er sie deshalb zu einem Juwelier gebracht? War dieser Juwelier nicht ehrlich und wollte sich mit dem Austausch der Steine bereichern? Hat Elise die Steine auswechseln lassen? Möglich wäre es. Denn Alexandra war in ihren letzten Lebensjahren verarmt. Der kleine Rest ihres Vermögens löste sich während der Inflation auf. Schließlich müssen Elise und Alexandra trotz aller Sparsamkeit ja von etwas gelebt haben?«

»Billiger Glasschmuck, schön gearbeitet, aber nichts wert, das ist die Pointe der Geschichte. Mehr ist an den Ohrringen nicht dran. Und ich habe all die Jahre darüber nachgedacht wo sie geblieben sein könnten.« Lulu schaute vor sich hin und meinte kopfschüttelnd: »Mir fehlen die Worte.«

»Was an den Ohrringen dran ist, liebe Lulu, wollte ich dir längst erzählen«, entgegnete Florentine und nahm die beiden Schmuckstücke in ihre Hände. »Ich kam dann aber auf die Idee, dich heute Abend damit zu überraschen.«

Sie schmunzelte und fuhr fort: »Der Wert dieser Klunker liegt im Ideellen und hängt mit ihrer Geschichte zusammen. Marie mit ihrem Wissen als Apothekerin hat die letzten Geheimnisse gelüftet. Ich bat sie, im Labor eine Analyse machen zu lassen, ob sich womöglich in dem einen Ohrring Spuren von Gift fänden. Tatsächlich fanden sich Spuren von Arsen. Ich

habe den Ohrschmuck natürlich sofort reinigen lassen, damit ganz sicher keine Gefahr mehr von ihm ausgeht.

Ich erinnere mich, dass meine Mutter sich weigerte, die Ohrringe zu tragen. Bei ihrem Tod hielt sie sie, wie schon erwähnt, in ihren Händen, ebenso wie später Elise. Bei meiner Mutter und auch bei Elise wurde eine Phiole mit dem Gift des Eisenhuts gefunden. Aber nichts weist darauf hin, dass sie etwas davon genommen haben. Wollten sich beide das Leben nehmen und hatten unabhängig voneinander doch nicht den Mut dazu? Wir können nur Vermutungen anstellen. Hörten ihre Herzen aus seelischer Anspannung plötzlich auf zu schlagen? Bei meiner Mutter, weil sie sich gedrängt sah, ihr Leben so grundlegend zu verändern? Und bei Elise, weil sie sich so innig wünschte, mit Alexandra auch im Tod verbunden zu sein?«

Florentine umrundete den Tisch und ging auf Lulu zu: »Nun lass uns zum Abschluss dieses Abends unsere Freundschaft mit einem letzten Glas Wein begießen. Unser Humor, meine treue Lulu, ist in guten und bösen Tagen der Klebstoff gewesen, der uns in Liebe zusammenhält. – Was hältst du von der Idee, diese Schmuckstücke, die nur der Erinnerung wegen für uns so wertvoll sind, mit mir zu teilen? Jede von uns beiden lässt sich einen Anhänger für die Perlenkette anfertigen. Niemand, der es sieht, wird auf den Gedanken kommen, dass wir billigen Modeschmuck zusammen mit wertvollen Perlen tragen. Und nur wir beide – und ein paar Eingeweihte – wissen, dass diese Stücke vor vielen Jahrzehnten in der Werkstatt von Fabergé gearbeitet und der eine vielleicht für einen geplanten Giftmord entworfen wurde. Du, meine Lulu, hast endlich genügend Stoff für einen Roman, den du längst schreiben wolltest. Dafür ist es nie zu spät, und wir sind noch keine achtzig! Wobei ich betonen möchte, das Leben schreibt doch die besten Geschichten.«

In Lulus Augen glänzten verräterische Tränen. Sie legte die Kuchengabel mit einem dicken Stück ihres Sonntagskuchens* auf den Teller, hob ihr Glas und sagte gerührt: »Ach, Florentine, ich danke dir von Herzen und trinke auf das Wohl von Alexandra und Nikolai. Trinkt mit mir auf die Freundschaft, die Liebe, das Leben und diesen Abend. Er fand einen

Lulus Sonntagskuchen

6 Eier (getrennt), 180 g Zucker, 125 g geriebene Haselnüsse, 125 g geriebene Mandeln, 1 Prise Salz

1 Becher Schlagrahm, 1 Päckchen (40 g) Sahnesteif, 1 Päckchen (8 g) Vanillezucker, 1 kleines Glas Sauerkirschen

Eigelbe mit dem Zucker schaumig rühren, bis sich der Zucker aufgelöst hat. Nach und nach die Nüsse und Mandeln einrühren. Eiweiß salzen und sehr steif schlagen. Unter die Eigelb-Nuss-Mischung heben.
Alles in eine gefettete Springform füllen und bei mittlerer Hitze (Umluft) ca. 1 Stunde backen. Mit einem Holzstäbchen hineinstechen: Wenn der Teig nicht mehr daran kleben bleibt, ist der Kuchen durchgebacken.
Auskühlen lassen, dann in der Mitte flach durchschneiden.
Sahne mit Sahnesteif und Vanillezucker steif schlagen, die eine Teigplatte locker mit den Kirschen belegen (einige zum Garnieren zurückbehalten) und bis auf einen kleinen Rest den Schlagrahm darüberstreichen. Zweite Teigpatte wieder auflegen und den restlichen Schlagrahm darauf verteilen. Mit einigen Kirschen belegen.

überraschenden Abschluss, den niemand erwartet hätte – und endet doch so glücklich!«

Inzwischen war es sehr spät geworden. Wir begleiteten Florentine und Lulu zu einem kurzen Rundgang in den nächtlichen Garten. Die frische spätherbstliche Luft tat uns allen gut. Mit Tannenreisig, aufgehäufelter Erde und Pferdemist für den kommenden Winter warm verpackt, träumten die Rosen in Florentines Paradies dem nächsten Sommer entgegen.

Der Nebel hatte sich gelichtet, und am Himmel flimmerten die Sterne. Tante Lulu flüsterte Florentine zu: »Ich habe außer der Rosa mundi noch ein kleines Gedicht für dich!«
Und sie deklamierte:

Ich hab mir Deinen Namen
weit übers Himmelszelt geschrieben
in Sternenschrift,
die Wolken nicht verschieben.
Dicht steh'n liebend Worte drumherum.
Heb Deinen Blick und schau nach oben:
Viel gute Wünsche wirst Du lesen
am Sternenhimmel unendlich weit da droben.
Und alle sind für Dich,
von mir gewoben.

Rezepte

119	Äpfel im Quittenschnee
27	Apfelweintorte
176	Bayerische Creme nach Pfälzer Art
125	Beerenkuchen
39	Elises Teemischungen
136	Erdbeerbowle mit Holunderblüten
5	Flambierte Palatschinken
104	Gold-und-Silber-Mandelkuchen
98	Hasenöhrl
81	Himbeercreme
100	Hollerkücherl
145	Holunderblütengelee ›Zwergenglück‹

16	Janosschnitten (Rigó Jancsi)
19	Kaiserschmarrn à la Lulu
165	Kleine süße Dinger
45	Kokossahnekugeln
35	Liebesbusserl
160	Luitgard im Liebesrausch
185	Lulus Sonntagskuchen
99	Marzipankartoffeln
62	Millirahmstrudel
69	Mousse au Chocolat
20	Omelette soufflée
156	Petronella im Schaumhimmel
152	Rhabarbercreme
50	Rumkugeln
54	Sauerkirschcreme
28	Schneewittchenkuchen
87	Schokoladentarte à la Momi
110	Walnusstorte
78	Weinschaumcreme Chadeau
162	Zitronencreme à la Lulu
95	Zitronentarte Siciliana
134	Zwetschgenpavesen

Inhalt

4	Ein unaufgeklärter Kriminalfall
7	Tante Lulu
10	Lulus Garten
18	Ein ›wahrhafter‹ Aristokrat
23	Lulus Regendächer
25	Freifrau von Eulenschwang
31	Der Kampf mit dem Herd
32	Der Frosch im Salat
37	Tante Florentine
41	Elise
44	Der verschlossene Schrank
48	Großmutters Auferstehung
52	Die Fahrt zur Rosenflüsterin
60	Mopsi
64	Die Kriminalkommissarin
67	Hans-Hugo Vogelsang
70	James' Geschichte
79	Ein Unglück kommt selten allein
85	Die Rose Kolossalis
97	Florentines Briefe
101	Der Kurschatten
106	Egidius Moosgräber

109	Die Mausefalle
112	Ein schlechtes Geschäft
114	Mopsis später Frühling
118	Abenteuer in England
121	Das Kostümfest
131	Ungelöste Rätsel
135	Großmutter Elfriede hat Geburtstag
139	Tante Emilie
146	Der Sarg
149	Marie
153	Kümmert euch um Jakob Loibl
165	Die Freundinnen
168	Der verschwundene Ohrring
172	Alexandras Lebensgeschichte
188	Rezeptverzeichnis
190	Inhaltsverzeichnis